Benedikt XVI.
Freut Euch!

Benedikt XVI.

Freut Euch!

Predigten & Meditationen zur Weihnachtszeit

benno
VERLAG

Bibliografische Information Der Deutschen Bibliothek

Die Deutsche Bibliothek verzeichnet diese Publikation
in der Deutschen Nationalbibliografie;
detaillierte bibliografische Daten sind im Internet über
http://dnb.ddb.de abrufbar.

ISBN 978-3-7462-2385-8

Stammerstr. 11, 04159 Leipzig
www.st-benno.de
Umschlaggestaltung: Ulrike Vetter, Leipzig,
unter Verwendung eines Bildes von picture-alliance/
Ettore Ferrari
Gesamtherstellung: Kontext, Lemsel (A)

INHALT

PREDIGT BEI DER VESPER AM 1. ADVENTSSONNTAG 26. November 2005

Liebe Brüder und Schwestern!

Mit der Feier der Ersten Vesper am ersten Adventssonntag beginnen wir ein neues Kirchenjahr. Beim gemeinsamen Gesang der Psalmen haben wir unsere Herzen zu Gott erhoben und jene geistige Haltung angenommen, die diese Zeit der Gnade kennzeichnet: »wachend und betend« und »mit Liedern des Lobes« (vgl. Römisches Messbuch, Präfation vom Advent II/A). Nach dem Beispiel der allerseligsten Jungfrau Maria, die uns lehrt, im frommen Hören des Gotteswortes zu leben, wollen wir nun über die eben gehörte kurze Bibellesung nachdenken. Es handelt sich um zwei Verse aus dem Schlussteil des Ersten Briefs des Apostels Paulus an die Thessalonicher (1 Thess 5,23–24). Der erste Vers enthält den Wunsch des Apostels an die Gemeinde, und der zweite bietet gewissermaßen die Gewähr für seine Erfüllung. Der Wunsch ist, dass jeder von Gott geheiligt werde und in seiner ganzen Persönlichkeit – »Geist, Seele und Leib« – unversehrt bleibe für das endgültige Kommen Jesu, des Herrn; die Gewähr dafür, dass dies auch tatsächlich geschehen kann, liegt in der Treue Gottes selbst, denn er wird es nicht versäumen, das in den Gläubigen begonnene Werk zur Vollendung zu bringen.

Der Erste Brief an die Thessalonicher ist auch der erste aller Briefe des hl. Paulus und wurde wahrscheinlich im Jahr 51 verfasst. In diesem ersten Brief spürt man noch deutlicher als in den späteren das pulsierende Herz des Apostels, seine väterliche, ja wir können sogar sagen seine mütterliche Liebe zu der neuen Gemeinde. Man spürt ebenfalls seine brennende Sorge dafür, dass der Glaube nicht ausgelöscht werde in dieser neu gegründeten Kirche, deren kulturelles Umfeld in vielerlei Hinsicht glaubensfeindlich ist. Deshalb beschließt Paulus seinen Brief mit einem Wunsch, ja wir könnten sogar sagen mit einem Gebet. Der Inhalt des Gebets, das wir gehört haben, ist, dass sie in der Stunde des Kommens unseres Herrn heilig und untadelig seien. Das wichtigste Wort in diesem Gebet ist »Kommen«. Wir müssen uns fragen: Was bedeutet »Kommen des Herrn«? Auf Griechisch heißt es »Parusie«, auf Lateinisch »adventus«: »Advent«, »Kommen«. Worin besteht dieses Kommen? Geht es uns etwas an oder nicht?

Um die Bedeutung dieses Wortes und somit des Gebetes des Apostels für diese Gemeinde und für die Gemeinden aller Zeiten – also auch der unseren – zu verstehen, müssen wir auf die Person schauen, durch die das Kommen des Herrn auf einmalige, einzigartige Weise Wirklichkeit geworden ist: die Jungfrau Maria. Maria gehörte jenem Teil des Volkes Israel an, das zurzeit Jesu sehnsüchtig auf das Kommen des Erlösers wartete. Den im Evangelium wiedergegebenen Worten und Gesten können wir entnehmen, wie sie sich in ihrem Leben wirklich in die Worte der Propheten versenkte und das Kommen des Herrn mit ihrem ganzen Sein erwartete. Dennoch konnte sie nicht ahnen, wie dieses Kommen vonstatten gehen sollte. Vielleicht erwartete sie ein Kommen in Herrlichkeit. Um so überraschender war für sie der Moment, als der Erzengel Gabriel in ihr Haus eintrat und ihr sagte, dass der Herr, der Erlöser, in ihr und von ihr Fleisch annehmen und sein Kommen durch sie verwirklichen wollte. Wir können uns die Befangenheit der Jungfrau gut vorstellen. Mit einem großen Akt des Glaubens und des Gehorsams sagt Maria »Ja«: »Ich bin die Magd des Herrn.« So wurde sie zur »Wohnstatt« des Herrn, zum wahren »Tempel« in der Welt und zur »Tür«, durch die der Herr in die Welt eingetreten ist.

Wir haben gesagt, dass dieses Kommen einmalig ist: »das« Kommen des Herrn. Dennoch gibt es nicht nur das endgültige Kommen am Ende der Zeiten. In einem gewissen Sinne möchte der Herr durch uns Menschen ständig auf die Erde kommen, und er klopft an die Tür unseres Herzens:

Bist du bereit, mir dein Fleisch, deine Zeit, dein Leben zu geben? Das ist die Stimme des Herrn, der auch in unsere Zeit eintreten möchte, er möchte durch uns ins Leben der Menschen eintreten. Er sucht auch eine lebendige Wohnung, nämlich unser persönliches Leben. Das ist das Kommen des Herrn, und das wollen wir in der Adventszeit aufs Neue lernen: Der Herr möge auch durch uns kommen.

Daher können wir sagen, dass dieses Gebet, dieser vom Apostel geäußerte Wunsch eine grundlegende Wahrheit enthält, die er den Gläubigen der von ihm gegründeten Gemeinde einzuprägen versucht und die wir wie folgt zusammenfassen können: Gott beruft uns zur Gemeinschaft mit ihm, die sich bei der Wiederkunft Christi vollkommen verwirklichen wird, und er selbst verpflichtet sich, es so einzurichten, dass wir gut vorbereitet zu dieser letzten und entscheidenden Begegnung gelangen. Die Zukunft ist sozusagen schon in der Gegenwart enthalten, besser gesagt in der Gegenwart Gottes und seiner unvergänglichen Liebe, die uns nicht allein lässt, uns keinen Augenblick verlässt, wie auch ein Vater und eine Mutter ihre Kinder in deren Wachstumsprozess ständig begleiten. Angesichts des Kommens Christi fühlt sich der Mensch in seinem ganzen Wesen angesprochen; der Apostel resümiert das in den Worten »Geist, Seele und Leib« und meint damit den gesamten Menschen als wohlstrukturierte Einheit von somatischer, psychischer und spiritueller Dimension. Die Heiligung ist ein Geschenk Gottes und seine eigene Initiative, aber das menschliche Wesen ist aufgefordert, dem mit seinem ganzen Ich zu entsprechen, ohne dass irgendetwas von ihm davon ausgeschlossen bleibe.

Der Heilige Geist hat den vollkommenen Menschen Jesus im Schoß der Jungfrau geformt, und er ist es denn auch, der den wunderbaren Plan Gottes im Menschen zur Erfüllung bringt. Dazu verwandelt er zunächst das Herz und dann, von diesem Mittelpunkt ausgehend, alles Übrige. So kommt es, dass in jedem Einzelnen das ganze Schöpfungs- und Erlösungswerk zusammengefasst wird, das Gott, Vater und Sohn und Heiliger Geist, vom Anfang bis zum Ende des Kosmos und der Geschichte vollbringt. Und wie in der Menschheitsgeschichte das erste Kommen Christi im Mittelpunkt und seine glorreiche Wiederkunft am Ende steht, so ist jede persönliche Existenz berufen, sich während der irdischen Pilgerreise auf geheimnisvolle und vielfältige Art an ihm zu messen, um in der Stunde seiner Rückkehr »in ihm« gefunden zu werden.

Die selige Gottesmutter und treue Jungfrau leite uns dazu an, aus dieser Adventszeit und aus dem gesamten neuen Kirchenjahr eine Zeit echter Heiligung zu machen zum Lob und Ruhme Gottes, des Vaters, des Sohnes und des Heiligen Geistes.

ANGELUS AM 1. ADVENTSSONNTAG
27. November 2005

Reiß doch den Himmel auf, und komm herab!
Du, Herr, bist unser Vater, »unser Erlöser von jeher« wirst du genannt.
Warum lässt du uns, Herr, von deinen Wegen abirren und machst unser Herz hart, so dass wir dich nicht mehr fürchten? Kehre zurück um deiner Knechte willen, um der Stämme willen, die dein Eigentum sind.
Reiß doch den Himmel auf, und komm herab, so dass die Berge zittern vor dir.
Seit Menschengedenken hat man noch nie vernommen, kein Ohr hat gehört, kein Auge gesehen, dass es einen Gott gibt außer dir, der denen Gutes tut, die auf ihn hoffen.
Ach, kämst du doch denen entgegen, die tun, was recht ist, und nachdenken über deine Wege. Ja, du warst zornig; denn wir haben gegen dich gesündigt, von Urzeit an sind wir treulos geworden.
Wie unreine Menschen sind wir alle geworden, unsere ganze Gerechtigkeit ist wie ein schmutziges Kleid. Wie Laub sind wir alle verwelkt, unsere Schuld trägt uns fort wie der Wind.
Niemand ruft deinen Namen an, keiner rafft sich dazu auf, festzuhalten an dir. Denn du hast dein

Angesicht vor uns verborgen und hast uns der Gewalt unserer Schuld überlassen.
Und doch bist du, Herr, unser Vater. Wir sind der Ton, und du bist unser Töpfer, wir alle sind das Werk deiner Hände.

Jes 63,16b-17.19b; 64,3-7

Wir warten auf die Offenbarung unseres Herrn Jesus Christus
Gnade sei mit euch und Friede von Gott, unserem Vater, und dem Herrn Jesus Christus.
Ich danke Gott jederzeit euretwegen für die Gnade Gottes, die euch in Christus Jesus geschenkt wurde, dass ihr an allem reich geworden seid in ihm, an aller Rede und aller Erkenntnis.
Denn das Zeugnis über Christus wurde bei euch gefestigt,
so dass euch keine Gnadengabe fehlt, während ihr auf die Offenbarung Jesu Christi, unseres Herrn, wartet.
Er wird euch auch festigen bis ans Ende, so dass ihr schuldlos dasteht am Tag Jesu, unseres Herrn.
Treu ist Gott, durch den ihr berufen worden seid zur Gemeinschaft mit seinem Sohn Jesus Christus, unserem Herrn.

1 Kor 1,3-9

Seid wachsam! Denn ihr wisst nicht, wann der Hausherr kommt

In jener Zeit sprach Jesus zu seinen Jüngern:
Seht euch also vor und bleibt wach! Denn ihr wisst nicht, wann die Zeit da ist.
Es ist wie mit einem Mann, der sein Haus verließ, um auf Reisen zu gehen: Er übertrug alle Verantwortung seinen Dienern, jedem eine bestimmte Aufgabe; dem Türhüter befahl er, wachsam zu sein.
Seid also wachsam! Denn ihr wisst nicht, wann der Hausherr kommt, ob am Abend oder um Mitternacht, ob beim Hahnenschrei oder erst am Morgen.
Er soll euch, wenn er plötzlich kommt, nicht schlafend antreffen.
Was ich aber euch sage, das sage ich allen: Seid wachsam!

Mk 13,33-37

Liebe Brüder und Schwestern!

Mit dem heutigen Sonntag beginnt der Advent, eine Zeit tiefer religiöser Atmosphäre, denn sie ist voller Hoffnung und spiritueller Erwartung: Jedes Mal, wenn die christliche Gemeinschaft sich auf das Gedenken der Geburt des Erlösers vorbereitet, spürt sie in ihrem Innern eine freudvolle Stimmung, die sich in gewissem Maße auf die ganze Gesellschaft überträgt. Im Advent erlebt das christliche Volk aufs Neue einen zweifachen geistlichen Impuls: Einerseits erhebt es den Blick zum letzten Ziel seiner Pilgerschaft auf Erden, nämlich zur glorreichen Wiederkunft unseres Herrn Jesus Christus; zum anderen erinnert es sich tief bewegt an die Geburt in Betlehem und kniet vor der Krippe nieder. Die Hoffnung der Christen ist auf die Zukunft gerichtet, bleibt aber stets fest in einem Ereignis der Vergangenheit verankert. In der Fülle der Zeiten wurde der Sohn Gottes von der Jungfrau Maria geboren: »... geboren von einer Frau und dem Gesetz unterstellt«, wie der Apostel Paulus schreibt (Gal 4,4).

Am heutigen Tag fordert das Evangelium uns auf, wachsam zu sein in der Erwartung des endgültigen Kommens Christi. »Seid also wachsam«, sagt Jesus, »denn ihr wisst nicht, wann der Hausherr kommt« (Mk 13,35.37). Das kurze Gleichnis vom Hausherrn, der auf Reisen geht, und von den Dienern, die ihn vertreten sollen, veranschaulicht, wie wichtig es ist, für den Empfang des Herrn gerüstet zu sein, wenn er plötzlich kommt. Die christliche Gemeinschaft wartet voll Sehnsucht auf seine »Offenbarung«, und der Apostel Paulus ermahnt die Korinther, auf die Treue Gottes zu vertrauen und so zu leben, dass sie am Tag des Herrn »schuldlos dastehen« (vgl. 1 Kor 1,7–9). Treffenderweise legt uns daher die Liturgie zu Beginn der Adventszeit diesen Bittruf des Psalms auf die Lippen: »Erweise

uns, Herr, deine Huld, und gewähre uns dein Heil!« (Ps 85,8).
Wir könnten sagen, dass der Advent die Zeit ist, in der die Christen in ihren Herzen die Hoffnung neu entdecken sollen, dass sie mit dem Beistand Gottes die Welt verändern können. In diesem Zusammenhang möchte ich auch heute die Konstitution des II. Vatikanischen Konzils *Gaudium et spes* über die Kirche in der Welt von heute zitieren: Dieser Text ist zutiefst von christlicher Hoffnung durchdrungen. Ich verweise besonders auf Artikel 39, der den Titel trägt: »Die neue Erde und der neue Himmel«. Dort lesen wir: »Wir werden belehrt, dass Gott eine neue Wohnstätte und eine neue Erde bereitet, auf der die Gerechtigkeit wohnt (vgl. 2 Kor 5,2; 2 Petr 3,13) [...] Dennoch darf die Erwartung der neuen Erde die Sorge für die Gestaltung dieser Erde nicht abschwächen, [...] sondern muss sie im Gegenteil ermutigen.« Die guten Früchte unserer Arbeit werden wir nämlich dann wiederfinden, wenn Christus sein ewiges und universales Reich dem Vater übergibt. Die allerseligste Gottesmutter Maria, Jungfrau des Advents, gewähre uns, diese Zeit der Gnade in wachsamer und tätiger Erwartung des Herrn zu leben.
Die Adventszeit ruft alle Christen dazu auf, mit wachsamem Herzen und durch Taten der Liebe der Wiederkunft des Herrn die Wege zu bereiten. Gott schenke euch dazu das Licht seiner Gnade!

PREDIGT BEI DER FEIER DER ERSTEN VESPER ZUM 1. ADVENTSSONNTAG 2. Dezember 2006

Liebe Brüder und Schwestern!

Die erste Antiphon dieser Vesper eröffnet die Adventszeit und erklingt als Antiphon für das ganze Kirchenjahr. Hören wir sie noch einmal: »Verkündet unter den Völkern: Seht, Gott kommt, unser Retter.« Am Beginn eines neuen Jahreskreises lädt die Liturgie die Kirche ein, ihre Verkündigung an alle Völker zu erneuern, und sie fasst das in zwei Worten zusammen: »Gott kommt.« In diesen so knappen Worten ist eine immer wieder neue Ausdruckskraft enthalten. Halten wir einen Augenblick zum Nachdenken inne: Es wird weder die Vergangenheitsform – Gott ist gekommen – noch das Futur – Gott wird kommen – verwendet, sondern das Präsens, die Gegenwart: »Gott kommt.« Es handelt sich, wenn man genau hinsieht, um ein »praesens continuum«, das heißt um eine Handlung, die sich andauernd vollzieht: Sie ist geschehen, sie geschieht jetzt und sie wird weiter geschehen. »Gott kommt« jederzeit. Das Verb »kommen« erscheint hier als ein »theologisches«, ja geradezu als ein »theologales« Verb, weil es etwas aussagt, was das Wesen Gottes selbst betrifft. Zu verkünden, dass »Gott kommt«, kommt schlicht und einfach einer Verkündigung Gottes selbst gleich, durch eine seiner wesentlichen und ihn auszeichnenden Eigenschaften: die Eigenschaft, der »Gott-der-kommt« zu sein.

Der Advent ruft die Gläubigen dazu auf, sich dieser Wahrheit bewusst zu werden und dementsprechend zu handeln. Es erklingt wie ein heilsamer Aufruf in der Aufeinanderfolge der Tage, Wochen und Monate: Wache auf! Erinnere dich daran, dass Gott kommt! Nicht gestern, nicht morgen, sondern heute, jetzt! Der einzige und wahre Gott, »der Gott Abrahams, Isaaks und Jakobs«, ist kein Gott, der im Himmel weilt, ohne sich für uns und unsere Geschichte zu interessieren, sondern er ist der »Gott-der-kommt«. Er ist ein Vater, der nie aufhört, an uns zu denken, und der mit äußerster Achtung unserer Freiheit wünscht, uns zu begegnen und zu uns zu kommen; er will in unsere Mitte kommen und unter uns wohnen, er will bei uns bleiben. Zu seinem »Kommen« drängt ihn sein Wille, uns vom Bösen und vom Tod zu befreien, von allem, was unser wahres Glück verhindert. Gott kommt, um uns zu retten.

Die Kirchenväter sagen, dass das »Kommen« Gottes – das beständig geschieht und das sozusagen seinem Sein wesenseigen ist – in den beiden Hauptereignissen des Kommens Christi zusammengefasst ist: dem seiner Menschwerdung und dem seiner glorreichen Wiederkunft am Ende der Zeiten (vgl. Cyrill von Jerusalem, Katechesen, 15,1: PG 33,870). Die ganze Adventszeit lebt von dieser Polarität. In den ersten Tagen liegt die Betonung auf der Erwartung des endgültigen Kommens des Herrn, wie auch die Texte der heutigen Vesper zeigen. Mit dem Herannahen des Weihnachtsfestes wird hingegen die Erinnerung an das Ereignis von Betlehem überwiegen, und man wird in ihm die »Fülle der Zeit« erkennen. Zwischen diesen beiden »deutlich sichtbaren« Ereignissen des Kommens Christi lässt sich ein drittes Kommen ausmachen, das der hl. Bernhard »dazwischenliegend« und »verborgen« nennt; es ereignet sich in der Seele der Gläubigen und schlägt gleichsam eine »Brücke« zwischen dem ersten und dem letzten Kommen. Der hl. Bernhard schreibt: »Im ersten Kommen war Christus unsere Erlösung, im letzten wird er sich als unser Leben offenbaren; in diesem ist er unsere Ruhe und unser Trost« (5. Rede über den Advent, 1). Das Urbild für jenes Kommen Christi, das wir »geistliche Menschwerdung« nennen könnten, ist stets Maria. Wie die jungfräuliche Mutter in ihrem Herzen das fleischgewordene Wort bewahrte, so sind jede einzelne Seele und die ganze Kirche auf ihrer irdischen Pilgerreise aufgerufen, Christus, der kommt, zu erwarten und ihn mit stets neuem Glauben und neuer Liebe aufzunehmen.

Die Adventsliturgie macht auf diese Weise deutlich, wie die Kirche dem Warten auf Gott, das tief in die Menschheitsgeschichte eingeschrieben ist, Ausdruck verleiht; dieses Warten wird leider oft erstickt oder in falsche Richtungen gelenkt. Die Kirche ist – als mit ihrem Haupt Christus mystisch vereinter Leib – Sakrament, also Zeichen und wirksames Mittel auch dieses Wartens auf Gott. In einem Maß, das nur Christus bekannt ist, kann die christliche Gemeinschaft sein endgültiges Kommen beschleunigen, indem sie der Menschheit hilft, dem Herrn, der kommt, entgegenzugehen. Und sie tut dies vor allem, aber nicht nur, durch das Gebet. Wesentlich und vom Gebet nicht zu trennen sind auch die »Taten der Liebe«, wie uns die Oration dieses Ersten Adventssonntags in Erinnerung ruft, in der wir den himmlischen Vater darum bitten, in uns den Willen zu wecken, »Christus entgegenzugehen und uns durch Taten der Liebe auf seine Ankunft vorzubereiten«. Aus dieser Sicht ist der Advent mehr denn je dazu geeignet, eine Zeit zu sein, die in Gemeinschaft gelebt wird mit all jenen – und gottlob sind es viele –, die auf eine gerechtere und brüderlichere Welt hoffen. In diesem Einsatz für die Gerechtigkeit können sich Menschen jeder Nationalität und Kultur, Glaubende und Nichtglaubende, in einem gewissen Maß zusammenfinden. Alle sind nämlich, wenngleich aus unterschiedlichen Beweggründen, von

einem gemeinsamen Streben nach einer gerechten und friedlichen Zukunft beseelt.
Der Friede ist das Ziel, nach dem die ganze Menschheit strebt! Für die Gläubigen ist »Friede« einer der schönsten Namen Gottes, der die Eintracht aller seiner Kinder will: Daran zu erinnern, hatte ich auch während meiner Pilgerreise der letzten Tage in der Türkei Gelegenheit. Ein Friedensgesang erscholl im Himmel, als Gott Mensch wurde und, als die Zeit erfüllt war, von einer Frau geboren wurde (vgl. Gal 4,4). Beginnen wir also diesen neuen Advent – eine Zeit, die uns vom Herrn der Zeit geschenkt ist – und wecken wir in unseren Herzen die Erwartung des »Gottes-der-kommt« sowie die Hoffnung, dass sein Name geheiligt werde, dass sein Reich der Gerechtigkeit und des Friedens komme, dass sein Wille geschehe wie im Himmel so auf Erden.
Lassen wir uns in dieser Erwartung von der Jungfrau Maria leiten, der Mutter des »Gottes-der-kommt« und Mutter der Hoffnung. Sie, die wir in wenigen Tagen als die »unbefleckt Empfangene« feiern werden, erlange für uns, dass wir in der Liebe heilig und untadelig befunden werden bei der Ankunft unseres Herrn Jesus Christus. Ihm sei mit dem Vater und dem Heiligen Geist Lob und Herrlichkeit in Ewigkeit. Amen.

ANGELUS AM 2. ADVENTSSONNTAG
4. Dezember 2005

Bahnt für den Herrn einen Weg!
Tröstet, tröstet mein Volk, spricht euer Gott.
Redet Jerusalem zu Herzen und verkündet der Stadt, dass ihr Frondienst zu Ende geht, dass ihre Schuld beglichen ist; denn sie hat die volle Strafe erlitten von der Hand des Herrn für all ihre Sünden.
Eine Stimme ruft: Bahnt für den Herrn einen Weg durch die Wüste! Baut in der Steppe eine ebene Straße für unseren Gott!
Jedes Tal soll sich heben, jeder Berg und Hügel sich senken. Was krumm ist, soll gerade werden, und was hüglig ist, werde eben.
Dann offenbart sich die Herrlichkeit des Herrn, alle Sterblichen werden sie sehen. Ja, der Mund des Herrn hat gesprochen.
Steig auf einen hohen Berg, Zion, du Botin der Freude! Erheb deine Stimme mit Macht, Jerusalem, du Botin der Freude! Erheb deine Stimme, fürchte dich nicht! Sag den Städten in Juda: Seht, da ist euer Gott.
Seht, Gott, der Herr, kommt mit Macht, er herrscht mit starkem Arm. Seht, er bringt seinen Siegespreis mit: Alle, die er gewonnen hat, gehen vor ihm her.

Wie ein Hirt führt er seine Herde zur Weide, er sammelt sie mit starker Hand. Die Lämmer trägt er auf dem Arm, die Mutterschafe führt er behutsam.

Jes 40,1-5.9-11

Wir erwarten einen neuen Himmel und eine neue Erde

Das eine, liebe Brüder, dürft ihr nicht übersehen: dass beim Herrn ein Tag wie tausend Jahre und tausend Jahre wie ein Tag sind.

Der Herr zögert nicht mit der Erfüllung der Verheißung, wie einige meinen, die von Verzögerung reden; er ist nur geduldig mit euch, weil er nicht will, dass jemand zugrunde geht, sondern dass alle sich bekehren.

Der Tag des Herrn wird aber kommen wie ein Dieb. Dann wird der Himmel prasselnd vergehen, die Elemente werden verbrannt und aufgelöst, die Erde und alles, was auf ihr ist, werden nicht mehr gefunden.

Wenn sich das alles in dieser Weise auflöst: wie heilig und fromm müsst ihr dann leben,

den Tag Gottes erwarten und seine Ankunft beschleunigen! An jenem Tag wird sich der Himmel im Feuer auflösen, und die Elemente werden im Brand zerschmelzen.

Dann erwarten wir, seiner Verheißung gemäß,

einen neuen Himmel und eine neue Erde, in denen die Gerechtigkeit wohnt.
Weil ihr das erwartet, liebe Brüder, bemüht euch darum, von ihm ohne Makel und Fehler und in Frieden angetroffen zu werden.

2 Petr 3,8-14

Bereitet dem Herrn den Weg!
Anfang des Evangeliums von Jesus Christus, dem Sohn Gottes:
Es begann, wie es bei dem Propheten Jesaja steht:
Ich sende meinen Boten vor dir her; er soll den Weg für dich bahnen.
Eine Stimme ruft in der Wüste: Bereitet dem Herrn den Weg! Ebnet ihm die Straßen!
So trat Johannes der Täufer in der Wüste auf und verkündigte Umkehr und Taufe zur Vergebung der Sünden.
Ganz Judäa und alle Einwohner Jerusalems zogen zu ihm hinaus; sie bekannten ihre Sünden und ließen sich im Jordan von ihm taufen.
Johannes trug ein Gewand aus Kamelhaaren und einen ledernen Gürtel um seine Hüften, und er lebte von Heuschrecken und wildem Honig.
Er verkündete: Nach mir kommt einer, der ist stärker als ich; ich bin es nicht wert, mich zu bücken, um ihm die Schuhe aufzuschnüren.

Ich habe euch nur mit Wasser getauft, er aber wird euch mit dem Heiligen Geist taufen.

Mk 1,1-8

Liebe Brüder und Schwestern!

In der Adventszeit bereitet sich die kirchliche Gemeinschaft darauf vor, das große Geheimnis der Menschwerdung zu feiern, und sie ist eingeladen, ihr persönliches Verhältnis zu Gott neu zu entdecken und zu vertiefen. Das lateinische Wort »adventus« bezieht sich auf das Kommen Christi und stellt das Herabsteigen Gottes zur Menschheit in den Vordergrund, auf das jeder mit Offenheit, Erwartung, Suche und Zustimmung antworten soll. Und so wie Gott in seiner Selbstoffenbarung und seinem Sich-Hinschenken souverän und frei ist, weil ihn allein die Liebe dazu bewegt, so ist auch der Mensch frei, seine, wenn auch gebührende, Einwilligung zu geben: Gott erwartet eine aus Liebe gegebene Antwort. In diesen Tagen stellen uns die liturgischen Texte die Jungfrau Maria als vollkommenes Beispiel einer solchen Antwort vor, und am kommenden Donnerstag, dem 8. Dezember, werden wir sie im Geheimnis der Unbefleckten Empfängnis betrachten.
Maria ist die Frau, die immer eine Hörende ist und

stets bereit, den Willen Gottes zu tun. Sie ist ein Vorbild für den Glaubenden, der in seinem Leben auf der Suche nach Gott ist. Diesem Thema, wie auch dem Verhältnis zwischen Wahrheit und Freiheit, widmete das II. Vatikanische Konzil eingehende Überlegungen. Insbesondere verabschiedeten die Konzilsväter vor genau 40 Jahren eine Erklärung zur Frage der Religionsfreiheit, also über das Recht der Einzelpersonen und der Gemeinschaften, nach der Wahrheit suchen und ihren Glauben frei bekennen zu können. Die ersten Worte, die dem Dokument seinen Titel geben, lauten »Dignitatis humanae«: Die Religionsfreiheit ergibt sich aus der einzigartigen Würde des Menschen, der, unter allen Geschöpfen der Erde, als Einziger eine freie und bewusste Beziehung zu seinem Schöpfer aufnehmen kann. »Weil die Menschen Personen sind« – sagt das Konzil –, »d.h. mit Vernunft und freiem Willen begabt [...], werden alle – ihrer Würde gemäß – von ihrem eigenen Wesen gedrängt und zugleich durch eine moralische Pflicht gehalten, die Wahrheit zu suchen, vor allem jene Wahrheit, welche die Religion betrifft« (Dignitatis humanae, 2). So bestätigt das II. Vatikanum die überlieferte katholische Lehre, wonach der Mensch, als beseeltes Geschöpf, die Wahrheit zu erkennen vermag und daher die Pflicht und das Recht hat, sie zu suchen (vgl. ebd., Nr. 3). Auf dieser Grundlage behandelt das Konzil ausführlich

die Religionsfreiheit, die gewährleistet sein muss sowohl für die Einzelnen als auch für die Gemeinschaften, unter gleichzeitiger Achtung der berechtigten Anforderungen der öffentlichen Ordnung. Nach 40 Jahren ist diese Lehre des Konzils immer noch von großer Aktualität, denn die Religionsfreiheit ist weit davon entfernt, überall wirklich gesichert zu sein: Manchmal wird sie aus religiösen oder ideologischen Gründen verweigert; in anderen Fällen wird sie, obschon auf dem Papier anerkannt, in Wirklichkeit behindert, entweder von der politischen Macht oder, auf subtilere Weise, von der kulturellen Vorherrschaft des Agnostizismus und Relativismus.
Lasst uns dafür beten, dass jeder Mensch die religiöse Berufung, die in seinem Wesen eingeschrieben ist, vollständig verwirklichen kann. Maria helfe uns, im Antlitz des Kindes von Betlehem, das sie in ihrem jungfräulichen Schoß empfing, den göttlichen Erlöser zu erkennen, der in die Welt gekommen ist, um uns das wahre Antlitz Gottes zu enthüllen.
Wir gehen auf Weihnachten zu, und Gottes Gnade kommt uns entgegen. Seid wie der hl. Johannes der Täufer mit der ganzen Kraft eures Lebens Boten und Wegbereiter des Herrn Jesus Christus in unserer Zeit. – Von Herzen wünsche ich euch allen eine gesegnete Adventszeit!

ANGELUS ZUM HOCHFEST DER UNBEFLECKTEN EMPFÄNGNIS DER SELIGEN JUNGFRAU MARIA

8. Dezember 2006

Liebe Brüder und Schwestern!

Heute feiern wir eines der schönsten und am meisten geliebten Feste der allerseligsten Jungfrau: das Hochfest der ohne Erbsünde empfangenen Jungfrau und Gottesmutter Maria. Maria hat nicht nur keinerlei Sünde begangen, sondern wurde sogar vor jenem dem Menschengeschlecht gemeinsamen Erbe bewahrt, das die Erbschuld ist, und zwar aufgrund der Sendung, zu der Gott sie von jeher bestimmt hatte: die Mutter des Erlösers zu sein. All dies ist in der Glaubenswahrheit der »Unbefleckten Empfängnis« enthalten. Die biblische Grundlage dieses Dogmas findet sich in den Worten, die der Engel an die junge Frau aus Nazaret richtete: »Sei gegrüßt, du Begnadete, der Herr ist mit dir« (Lk 1,28). »Begnadete« – im griechischen Original »kecharitoméne« – ist Marias schönster Name, der Name, den Gott selbst ihr gegeben hat, um zu zeigen, dass sie seit jeher und für immer die Geliebte und Erwählte ist, dazu auserwählt, das kostbarste Geschenk aufzunehmen: Jesus, »die

fleischgewordene Liebe Gottes« (Enzyklika *Deus caritas est*, 12).
Wir können uns fragen: Warum hat Gott aus allen Frauen gerade Maria von Nazaret auserwählt? Die Antwort liegt verborgen im unergründlichen Geheimnis des göttlichen Willens. Es gibt jedoch einen Grund, den das Evangelium deutlich herausstellt: ihre Demut. Sehr gut betont dies Dante Alighieri im letzten Gesang des Paradieses: »Jungfrau und Mutter, Tochter deines Sohnes, vor allen Wesen groß und voll von Demut, vorbestimmtes Ziel im ewigen Rate« (Paradies, XXXIII,1–3). Die Jungfrau selbst sagt in ihrem Lobgesang, dem »Magnifikat«: »Meine Seele preist die Größe des Herrn ... Denn auf die Niedrigkeit seiner Magd hat er geschaut« (Lk 1,46.48). Ja, Gott wurde von Marias Demut angezogen, und sie hat bei Gott Gnade gefunden (vgl. Lk 1,30). So wurde sie zur Mutter Gottes, zum Bild und Vorbild der Kirche, unter den Völkern erwählt, um den Segen des Herrn zu empfangen und ihn auf die ganze Menschheitsfamilie zu verteilen. Dieser »Segen« ist kein anderer als Jesus Christus. Er ist die Quelle der Gnade, mit der Maria vom ersten Augenblick ihres Daseins an erfüllt war. Sie hat Jesus voll Glauben aufgenommen und hat ihn voll Liebe der Welt geschenkt. Das ist auch unsere Berufung und unsere Sendung, die Berufung und Sendung der Kirche: Christus in unser Leben aufzunehmen und ihn der

Welt zu schenken, »damit die Welt durch ihn gerettet wird« (Joh 3,17).

Liebe Brüder und Schwestern, wie ein Leuchtfeuer erhellt das heutige Hochfest der ohne Erbsünde empfangenen Jungfrau und Gottesmutter Maria die Adventszeit, die eine Zeit des wachsamen und vertrauensvollen Wartens auf den Retter ist. Während wir dem Herrn, der kommt, entgegengehen, blicken wir auf Maria, die »als Zeichen der sicheren Hoffnung und des Trostes dem wandernden Gottesvolk« voranleuchtet (Lumen gentium, 68). In diesem Bewusstsein lade ich euch ein, euch mir anzuschließen, wenn ich heute Nachmittag auf dem Spanischen Platz dieser sanftmütigen Mutter »aus« Gnade und »der« Gnade erneut die traditionelle Verehrung erweisen werde. An sie wenden wir uns jetzt mit dem Gebet, das die Verkündigung des Engels in Erinnerung ruft.

»Ganz schön bist du, Jungfrau Maria«, singt und betet die Kirche am heutigen Festtag. In Maria erstrahlt uns die Schönheit der Schöpfung. Denn Gott hat sie zur Mutter seines Sohnes erwählt und im Hinblick auf dessen Erlösungsopfer vor jeder Sünde bewahrt. Auf ihre Fürsprache hin schenke der Herr auch uns die Gnade, ihm mit einem reinen Herzen zu dienen. Gerne begleite ich euch alle mit meinem Segen.

GEBET ZUR EHRUNG DER MARIENSTATUE AUF DEM SPANISCHEN PLATZ
8. Dezember 2006

Feindschaft setze ich zwischen dich und die Frau, zwischen deinen Nachwuchs und den Nachwuchs der Frau

Gott, der Herr, rief Adam zu und sprach: Wo bist du?

Er antwortete: Ich habe dich im Garten kommen hören; da geriet ich in Furcht, weil ich nackt bin, und versteckte mich.

Darauf fragte er: Wer hat dir gesagt, dass du nackt bist? Hast du von dem Baum gegessen, von dem zu essen ich dir verboten habe?

Adam antwortete: Die Frau, die du mir beigesellt hast, sie hat mir von dem Baum gegeben, und so habe ich gegessen.

Gott, der Herr, sprach zu der Frau: Was hast du da getan? Die Frau antwortete: Die Schlange hat mich verführt, und so habe ich gegessen.

Da sprach Gott, der Herr, zur Schlange: Weil du das getan hast, bist du verflucht unter allem Vieh und allen Tieren des Feldes. Auf dem Bauch sollst du kriechen und Staub fressen alle Tage deines Lebens. Feindschaft setze ich zwischen dich und die Frau, zwischen deinen Nachwuchs und ihren Nach-

wuchs. Er trifft dich am Kopf, und du triffst ihn an der Ferse.
Adam nannte seine Frau Eva (Leben), denn sie wurde die Mutter aller Lebendigen.

Gen 3, 9-15.20

In Christus hat Gott uns erwählt vor der Erschaffung der Welt, zum Lob seiner herrlichen Gnade
Gepriesen sei der Gott und Vater unseres Herrn Jesus Christus: Er hat uns mit allem Segen seines Geistes gesegnet durch unsere Gemeinschaft mit Christus im Himmel.
Denn in ihm hat er uns erwählt vor der Erschaffung der Welt, damit wir heilig und untadelig leben vor Gott;
er hat uns aus Liebe im Voraus dazu bestimmt, seine Söhne zu werden durch Jesus Christus und nach seinem gnädigen Willen zu ihm zu gelangen, zum Lob seiner herrlichen Gnade. Er hat sie uns geschenkt in seinem geliebten Sohn ...
Durch ihn sind wir auch als Erben vorherbestimmt und eingesetzt nach dem Plan dessen, der alles so verwirklicht, wie er es in seinem Willen beschließt; wir sind zum Lob seiner Herrlichkeit bestimmt, die wir schon früher auf Christus gehofft haben.

Eph 1,3-6.11-12

Sei gegrüßt, du Begnadete, der Herr ist mit dir

Im sechsten Monat wurde der Engel Gabriel von Gott in eine Stadt in Galiläa namens Nazaret zu einer Jungfrau gesandt. Sie war mit einem Mann namens Josef verlobt, der aus dem Haus David stammte. Der Name der Jungfrau war Maria.

Der Engel trat bei ihr ein und sagte: Sei gegrüßt, du Begnadete, der Herr ist mit dir.

Sie erschrak über die Anrede und überlegte, was dieser Gruß zu bedeuten habe.

Da sagte der Engel zu ihr: Fürchte dich nicht, Maria; denn du hast bei Gott Gnade gefunden.

Du wirst ein Kind empfangen, einen Sohn wirst du gebären: dem sollst du den Namen Jesus geben.

Er wird groß sein und Sohn des Höchsten genannt werden. Gott, der Herr, wird ihm den Thron seines Vaters David geben.

Er wird über das Haus Jakob in Ewigkeit herrschen, und seine Herrschaft wird kein Ende haben.

Maria sagte zu dem Engel: Wie soll das geschehen, da ich keinen Mann erkenne?

Der Engel antwortete ihr: Der Heilige Geist wird über dich kommen, und die Kraft des Höchsten wird dich überschatten. Deshalb wird auch das Kind heilig und Sohn Gottes genannt werden.

Auch Elisabet, deine Verwandte, hat noch in ihrem Alter einen Sohn empfangen; obwohl sie als unfruchtbar galt, ist sie jetzt schon im sechsten Monat.

Denn für Gott ist nichts unmöglich.
Da sagte Maria: Ich bin die Magd des Herrn; mir geschehe, wie du es gesagt hast. Danach verließ sie der Engel.

Lk 1,26-38

O Maria, Unbefleckte Jungfrau,

auch in diesem Jahr finden wir uns voll kindlicher Liebe zu Füßen deines Bildes ein, um die Huldigung der christlichen Gemeinschaft und der Stadt Rom an dich zu erneuern. An diesem hohen Festtag, an dem die Liturgie deine Unbefleckte Empfängnis feiert – ein Geheimnis, das Quelle der Freude und der Hoffnung für alle Erlösten ist –, halten wir hier betend inne und folgen damit der von den vorangegangenen Päpsten eingeführten Tradition. Wir grüßen dich und rufen dich an mit den Worten des Engels: »Du Begnadete« (Lk 1,28), dem schönsten Namen, mit dem Gott selbst dich von Ewigkeit her gerufen hat.
»Voll der Gnade« bist du, Maria, erfüllt von der göttlichen Liebe vom ersten Augenblick deiner Existenz an, von der Vorsehung dazu bestimmt, die Mutter des Erlösers zu sein, und im Heilsgeheimnis tief mit ihm verbunden. In deiner Unbefleckten Empfängnis leuchtet die Berufung der

Jünger Christi auf, die berufen sind, durch seine Gnade heilig und untadelig in der Liebe zu werden (vgl. Eph 1,4). In dir erstrahlt die Würde jedes Menschen, der in den Augen des Schöpfers immer kostbar ist. Wer den Blick auf dich, o ganz heilige Mutter, richtet, verliert seine innere Ruhe nicht, wie hart auch immer die Prüfungen des Lebens sein mögen. So traurig auch die Erfahrung der Sünde ist, die die Würde der Kinder Gottes entstellt: Wer sich an dich wendet, entdeckt wieder die Schönheit der Wahrheit und der Liebe, und er findet den Weg wieder, der zum Haus des Vaters führt.

»Voll der Gnade« bist du, Maria, die du mit deinem »Ja« die Pläne des Schöpfers angenommen und uns damit den Weg zum Heil eröffnet hast. Lehre in deiner Schule auch uns, unser »Ja« zum Willen des Herrn zu sprechen. Ein »Ja«, das sich mit deinem ohne Vorbehalt und Zweifel gesprochenen »Ja« verbindet, auf das der himmlische Vater angewiesen sein wollte, um den neuen Menschen zu zeugen, Christus, den einzigen Retter der Welt und der Geschichte. Gib uns den Mut, »Nein« zu sagen zu den Täuschungen der Macht, des Geldes und der Vergnügungen, zum unehrlichen Profit, zu Korruption und Heuchelei, zu Egoismus und Gewalt. »Nein« zu sagen zum Bösen, dem lügnerischen Fürsten dieser Welt. »Ja« zu sagen zu Christus, der die Macht des Bösen durch die Allmacht der Liebe

zerstört. Wir wissen, dass nur die Herzen, die sich zur Liebe, die Gott ist, bekehrt haben, eine bessere Zukunft für alle aufbauen können.
»Voll der Gnade« bist du, Maria! Dein Name ist für alle Generationen Unterpfand sicherer Hoffnung. Ja! Denn, wie der große Dichter Dante schrieb, bist du für uns Sterbliche »lebendiger Quell der Hoffnung« (Paradies, XXXIII,12). Zu diesem Quell, zur Quelle deines unbefleckten Herzens, kommen wir noch einmal als zuversichtliche Pilger, um Glaube und Trost, Freude und Liebe, Sicherheit und Frieden zu schöpfen.
Jungfrau »voll der Gnade«, zeige, dass du eine zärtliche und aufmerksame Mutter für die Bewohner dieser deiner Stadt bist, damit der echte Geist des Evangeliums ihr Verhalten beseele und lenke; zeige, dass du Mutter und wachsame Hüterin für Italien und für Europa bist, damit die Völker aus den alten christlichen Wurzeln neue Lebenskraft für den Aufbau ihrer Gegenwart und Zukunft schöpfen können; zeige, dass du die fürsorgliche und barmherzige Mutter für die ganze Welt bist, damit in der Achtung der menschlichen Würde und der Zurückweisung jeder Form von Gewalt und Ausbeutung sichere Grundlagen für die Zivilisation der Liebe geschaffen werden. Zeige, dass du eine Mutter insbesondere für diejenigen bist, die dessen am meisten bedürfen: die Schutzlosen, die Ausgegrenzten und Ausgeschlossenen, die Opfer

einer Gesellschaft, die allzu oft den Menschen anderen Zielen und Interessen opfert.
Zeige, dass du, o Maria, die Mutter aller bist, und schenke uns Christus, die Hoffnung der Welt! »Monstra Te esse Matrem«, o ohne Erbsünde empfangene Jungfrau, voll der Gnade! Amen!

ANGELUS AM 3. ADVENTSSONNTAG
11. Dezember 2005

Von Herzen will ich mich freuen über den Herrn

Der Geist Gottes, des Herrn, ruht auf mir; denn der Herr hat mich gesalbt. Er hat mich gesandt, damit ich den Armen eine frohe Botschaft bringe und alle heile, deren Herz zerbrochen ist, damit ich den Gefangenen die Entlassung verkünde und den Gefesselten die Befreiung,
damit ich ein Gnadenjahr des Herrn ausrufe.
Von Herzen will ich mich freuen über den Herrn. Meine Seele soll jubeln über meinen Gott. Denn er kleidet mich in Gewänder des Heils, er hüllt mich in den Mantel der Gerechtigkeit, wie ein Bräutigam sich festlich schmückt und wie eine Braut ihr Geschmeide anlegt.
Denn wie die Erde die Saat wachsen lässt und der Garten die Pflanzen hervorbringt, so bringt Gott, der Herr, Gerechtigkeit hervor und Ruhm vor allen Völkern.

Jes 61,1-2a.10-11

Der Gott des Friedens bewahre euren Geist, eure Seele und euren Leib, damit ihr ohne Tadel seid, wenn der Herr kommt

Freut euch zu jeder Zeit!
Betet ohne Unterlass!
Dankt für alles; denn das will Gott von euch,
die ihr Christus Jesus gehört.
Löscht den Geist nicht aus!
Verachtet prophetisches Reden nicht!
Prüft alles, und behaltet das Gute!
Meidet das Böse in jeder Gestalt!
Der Gott des Friedens heilige euch ganz und gar und bewahre euren Geist, eure Seele und euren Leib unversehrt, damit ihr ohne Tadel seid, wenn Jesus Christus, unser Herr, kommt.
Gott, der euch beruft, ist treu; er wird es tun.

1 Thess 5,16-24

Mitten unter euch steht der, den ihr nicht kennt

Es trat ein Mensch auf, der von Gott gesandt war; sein Name war Johannes.
Er kam als Zeuge, um Zeugnis abzulegen für das Licht, damit alle durch ihn zum Glauben kommen.
Er war nicht selbst das Licht, er sollte nur Zeugnis ablegen für das Licht.
Dies ist das Zeugnis des Johannes: Als die Juden von Jerusalem aus Priester und Leviten zu ihm sandten mit der Frage: Wer bist du?,

bekannte er und leugnete nicht; er bekannte: Ich bin nicht der Messias.
Sie fragten ihn: Was bist du dann? Bist du Elija? Und er sagte: Ich bin es nicht. Bist du der Prophet? Er antwortete: Nein.
Da fragten sie ihn: Wer bist du? Wir müssen denen, die uns gesandt haben, Auskunft geben. Was sagst du über dich selbst?
Er sagte: Ich bin die Stimme, die in der Wüste ruft: Ebnet den Weg für den Herrn!, wie der Prophet Jesaja gesagt hat.
Unter den Abgesandten waren auch Pharisäer.
Sie fragten Johannes: Warum taufst du dann, wenn du nicht der Messias bist, nicht Elija und nicht der Prophet?
Er antwortete ihnen: Ich taufe mit Wasser. Mitten unter euch steht der, den ihr nicht kennt
und der nach mir kommt; ich bin es nicht wert, ihm die Schuhe aufzuschnüren.
Dies geschah in Betanien, auf der anderen Seite des Jordan, wo Johannes taufte.

Joh 1,6-8.19-28

Liebe Brüder und Schwestern!

Nachdem wir das Hochfest der Unbefleckten Empfängnis Mariens gefeiert haben, treten wir in diesen Tagen in die stimmungsvolle Atmosphäre der Vorbereitung auf das Weihnachtsfest ein. In der heutigen Konsumgesellschaft erleidet diese Zeit bedauerlicherweise eine Art kommerzieller »Verunreinigung«, die ihren wahren Geist, der geprägt ist von geistiger Sammlung, Schlichtheit und einer nicht äußerlichen, sondern tief innerlichen Freude, zu verfälschen droht. Es ist daher von der Vorsehung gewollt, dass – gleichsam wie ein Eingangstor zu Weihnachten – das Fest jener Frau gefeiert wird, die die Mutter Jesu ist und die uns besser als alle anderen dazu anleiten kann, den menschgewordenen Sohn Gottes zu kennen, zu lieben und anzubeten. Lassen wir uns also von ihr führen und uns von ihren Gefühlen beseelen, damit wir uns mit ehrlichem Herzen und offenem Geist darauf einstellen, im Kind von Betlehem den Sohn Gottes zu erkennen, der auf die Welt gekommen ist, um uns zu erlösen. Gehen wir mit ihr im Gebet voran und folgen wir der Einladung, die die liturgischen Texte im Advent wiederholt an uns richten, nämlich wachsam zu bleiben, in aufmerksamer und freudiger Erwartung zu leben, weil die Ankunft des Herrn bevorsteht: Er kommt, um sein Volk von der Sünde zu befreien.

Einer schönen, altbewährten Tradition gemäß wird in vielen Familien gleich nach dem Fest der Unbefleckten Empfängnis mit dem Aufbau der Krippe begonnen, gleichsam um jene Tage voll sehnsüchtiger Erwartung, die der Geburt Jesu vorangingen, zusammen mit Maria zu erleben. Das Aufstellen der Krippe zu Hause kann sich als einfache, aber wirksame Methode zur Darlegung und Weitergabe des Glaubens an die Kinder erweisen. Die Krippe hilft uns bei der Betrachtung des Mysteriums der Liebe Gottes, der sich in der Armut und Einfachheit der Grotte von Betlehem offenbart hat. Der hl. Franz von Assisi war so stark vom Geheimnis der Menschwerdung beeindruckt, dass er beschloss, es in der lebendigen Krippe von Greccio darzustellen. Dadurch wurde er zum Initiator einer langen Volkstradition, die bis heute ihren Wert für die Evangelisierung behalten hat. In der Tat kann die Krippe uns dabei behilflich sein, das Geheimnis der wahren Weihnacht zu verstehen, denn sie erzählt von Demut und von der barmherzigen Güte Christi: »Er, der reich war, wurde [unseretwegen] arm« (2 Kor 8,9). Seine Armut bereichert all jene, die sich zu ihr bekennen, und das Weihnachtsfest bringt Freude und Frieden zu denen, die, wie die Hirten in Betlehem, die Worte des Engels aufnehmen: »Und das soll euch als Zeichen dienen: Ihr werdet ein Kind finden, das, in Windeln gewickelt, in einer Krippe liegt« (Lk 2,12). Dies bleibt auch für uns Männer und Frauen des 21. Jahrhunderts das Zeichen. Es gibt kein anderes Weihnachten.

Wie es schon der verehrte Papst Johannes Paul II. gemacht hat, werde auch ich in Kürze die Jesuskinder segnen, die die römischen Kinder in die Krippen ihrer Familien legen werden. Mit dieser Geste möchte ich die Hilfe des Herrn erbitten, damit alle christlichen Familien sich vorbereiten, das bevorstehende Weihnachtsfest gläubig zu feiern. Maria helfe uns, in den wahren weihnachtlichen Geist einzudringen.

In der Mitte der Adventszeit begeht die Kirche den Sonntag »Gaudete« im Vorausblick auf die weihnachtliche Festfreude. In dieser Freude spiegelt sich die christliche Hoffnung, dass auch in Zeiten der Prüfung die Güte Gottes über unserem Leben waltet. Euch allen schenke der Herr seinen Frieden und seine Gnade!

ANGELUS AM 3. ADVENTSSONNTAG
17. Dezember 2006

Dein Gott jubelt über dich und frohlockt

Juble, Tochter Zion! Jauchze, Israel! Freu dich, und frohlocke von ganzem Herzen, Tochter Jerusalem! Der Herr hat das Urteil gegen dich aufgehoben und deine Feinde zur Umkehr gezwungen. Der König Israels, der Herr, ist in deiner Mitte; du hast kein Unheil mehr zu fürchten.
An jenem Tag wird man zu Jerusalem sagen: Fürchte dich nicht, Zion! Lass die Hände nicht sinken!
Der Herr, dein Gott, ist in deiner Mitte, ein Held, der Rettung bringt. Er freut sich und jubelt über dich, er erneuert seine Liebe zu dir, er jubelt über dich und frohlockt, wie man frohlockt an einem Festtag.

Zef 3,14-17

Der Herr ist nahe

Freut euch im Herrn zu jeder Zeit!
Noch einmal sage ich: Freut euch!
Eure Güte werde allen Menschen bekannt.
Der Herr ist nahe.
Sorgt euch um nichts, sondern bringt in jeder Lage

betend und flehend eure Bitten mit Dank vor Gott! Und der Friede Gottes, der alles Verstehen übersteigt, wird eure Herzen und eure Gedanken in der Gemeinschaft mit Christus Jesus bewahren.

Phil 4,4-7

Was sollen wir also tun?

Da fragten ihn die Leute: Was sollen wir also tun? Er antwortete ihnen: Wer zwei Gewänder hat, der gebe eines davon dem, der keines hat, und wer zu essen hat, der handle ebenso.
Es kamen auch Zöllner zu ihm, um sich taufen zu lassen, und fragten: Meister, was sollen wir tun? Er sagte zu ihnen: Verlangt nicht mehr, als festgesetzt ist.
Auch Soldaten fragten ihn: Was sollen denn wir tun? Und er sagte zu ihnen: Misshandelt niemand, erpresst niemand, begnügt euch mit eurem Sold!
Das Volk war voll Erwartung, und alle überlegten im Stillen, ob Johannes nicht vielleicht selbst der Messias sei.
Doch Johannes gab ihnen allen zur Antwort: Ich taufe euch nur mit Wasser. Es kommt aber einer, der stärker ist als ich, und ich bin es nicht wert, ihm die Schuhe aufzuschnüren. Er wird euch mit dem Heiligen Geist und mit Feuer taufen.
Schon hält er die Schaufel in der Hand, um die

Spreu vom Weizen zu trennen und den Weizen in seine Scheune zu bringen; die Spreu aber wird er in nie erlöschendem Feuer verbrennen.
Mit diesen und vielen anderen Worten ermahnte er das Volk in seiner Predigt.

Lk 3,10-18

Liebe Brüder und Schwestern!

Am heutigen dritten Adventssonntag lädt uns die Liturgie zur Freude des Geistes ein. Sie tut dies mit der berühmten Antiphon, die eine Aufforderung des Apostels Paulus aufnimmt: »Gaudete in Domino – Freut euch im Herrn zu jeder Zeit! ... der Herr ist nahe« (vgl. Phil 4,4.5). Auch die erste biblische Lesung der Messe ist eine Einladung zur Freude. Gegen Ende des 7. Jahrhunderts v. Chr. wendet sich der Prophet Zefanja mit folgenden Worten an die Stadt Jerusalem und ihre Bewohner: »Juble, Tochter Zion! Jauchze, Israel! Freu dich, und frohlocke von ganzem Herzen, Tochter Jerusalem! ... Der Herr, dein Gott, ist in deiner Mitte, ein Held, der Rettung bringt« (Zef 3,14.17). Gott selbst wird mit ähnlichen Empfindungen gezeigt; der Prophet sagt: »Er freut sich und jubelt über dich, er erneuert seine Liebe zu dir, er jubelt über dich und frohlockt, wie man frohlockt an einem Festtag« (Zef

3,17–18a). Diese Verheißung hat sich auf vollkommene Weise im Weihnachtsgeheimnis erfüllt, das wir in einer Woche feiern werden und das im »Heute« unseres Lebens und der Geschichte erneut geschehen soll.

Die Freude, die die Liturgie in den Herzen der Gläubigen weckt, ist nicht uns allein vorbehalten: Es handelt sich um eine prophetische Botschaft, die für die ganze Menschheit bestimmt ist, besonders für die Ärmsten, in diesem Fall für diejenigen, welche die an Freude Ärmsten sind! Wir denken an unsere Brüder und Schwestern, die vor allem im Nahen Osten, in einigen Gebieten Afrikas und in anderen Teilen der Welt das Drama des Krieges erleben: Welche Freude können sie erfahren? Wie wird ihr Weihnachtsfest aussehen? Denken wir an die vielen Kranken und einsamen Menschen, die nicht nur im Körper, sondern auch an Geist und Seele geprüft sind, weil sie sich nicht selten verlassen fühlen: Wie können wir die Freude mit ihnen teilen, ohne es an Rücksicht gegenüber ihrem Leid fehlen zu lassen? Denken wir aber auch an die Menschen – vor allem die Jugendlichen –, die den Sinn für echte Freude verloren haben und sie vergeblich dort suchen, wo sie unmöglich gefunden werden kann: in der erbitterten Jagd nach Selbstbehauptung und Erfolg, in falschen Vergnügungen, im Konsumdenken, in Rauschzuständen, in den künstlichen Paradiesen der Drogen und jeder

Form von Wirklichkeitsflucht. Wie sollten wir nicht die liturgischen Texte von heute mit ihrem »Freut euch!« diesen dramatischen Wirklichkeiten gegenüberstellen? Wie zur Zeit des Propheten Zefanja ist das Wort des Herrn vorrangig gerade an die Leidgeprüften gerichtet, an die »vom Leben Verletzten« und die »Waisen der Freude«. Die Einladung zur Freude ist weder eine von der Wirklichkeit entfremdende Botschaft noch ein fruchtloses Linderungsmittel, sondern im Gegenteil eine prophetische Ankündigung des Heils und ein Aufruf zu einer Befreiung, die von der inneren Erneuerung ausgeht.

Um die Welt zu verwandeln, hat Gott ein demütiges Mädchen aus einem Dorf in Galiläa, Maria von Nazaret, erwählt und sich mit folgendem Gruß an sie gewandt: »Freu dich, du Begnadete, der Herr ist mit dir.« In diesen Worten liegt das Geheimnis der wahren Weihnacht. Gott wiederholt sie der Kirche und jedem von uns: Freut euch, der Herr ist nahe! Mit der Hilfe Marias wollen wir uns selbst darbringen, mit Demut und Entschlossenheit, damit die Welt Christus aufnehme, der die Quelle der wahren Freude ist.

»Der Herr ist nahe!« ruft uns die Liturgie des heutigen Sonntags »Gaudete« zu. Christus beschenkt uns umso mehr mit seiner Nähe, je freier wir uns ihm zuwenden und das Licht des Friedens und der Güte Gottes in unserer Umgebung verbreiten. Der

Herr stärke euer Zeugnis vor den Menschen mit der Kraft seines Heiligen Geistes!

ANGELUS AM 4. ADVENTSSONNTAG
18. Dezember 2005

Dein Haus und dein Königtum sollen durch mich auf ewig bestehen bleiben

In jenen Tagen, als König David in seinem Haus wohnte und der Herr ihm Ruhe vor allen seinen Feinden ringsum verschafft hatte, sagte er zu dem Propheten Natan: Ich wohne in einem Haus aus Zedernholz, die Lade Gottes aber wohnt in einem Zelt. Natan antwortete dem König: Geh nur und tu alles, was du im Sinn hast; denn der Herr ist mit dir. Aber in jener Nacht erging das Wort des Herrn an Natan: Geh zu meinem Knecht David, und sag zu ihm: So spricht der Herr: Du willst mir ein Haus bauen, damit ich darin wohne?

Ich habe dich von der Weide und von der Herde weggeholt, damit du Fürst über mein Volk Israel wirst, und ich bin überall mit dir gewesen, wohin du auch gegangen bist. Ich habe alle deine Feinde vor deinen Augen vernichtet, und ich will dir einen großen Namen machen, der dem Namen der Großen auf der Erde gleich ist.

Ich will meinem Volk Israel einen Platz zuweisen und es einpflanzen, damit es an seinem Ort sicher wohnen kann und sich nicht mehr ängstigen muss

und schlechte Menschen es nicht mehr unterdrücken wie früher und auch von dem Tag an, an dem ich Richter in meinem Volk Israel eingesetzt habe. Ich verschaffe dir Ruhe vor allen deinen Feinden. Nun verkündet dir der Herr, dass der Herr dir ein Haus bauen wird.
Wenn deine Tage erfüllt sind und du dich zu deinen Vätern legst, werde ich deinen leiblichen Sohn als deinen Nachfolger einsetzen und seinem Königtum Bestand verleihen.
Ich will für ihn Vater sein, und er wird für mich Sohn sein.
Dein Haus und dein Königtum sollen durch mich auf ewig bestehen bleiben; dein Thron soll auf ewig Bestand haben.

2 Sam 7,1-5.8b-12.14a.16

Das Geheimnis, das seit ewigen Zeiten unausgesprochen war, wurde jetzt offenbar

Ehre sei dem, der die Macht hat, euch Kraft zu geben – gemäß meinem Evangelium und der Botschaft von Jesus Christus, gemäß der Offenbarung jenes Geheimnisses, das seit ewigen Zeiten unausgesprochen war, jetzt aber nach dem Willen des ewigen Gottes offenbart und durch prophetische Schriften kundgemacht wurde, um alle Heiden zum Gehorsam des Glaubens zu führen.

Ihm, dem einen, weisen Gott, sei Ehre durch Jesus Christus in alle Ewigkeit! Amen.

Röm 16,25-27

Du wirst ein Kind empfangen, einen Sohn wirst du gebären

Im sechsten Monat wurde der Engel Gabriel von Gott in eine Stadt in Galiläa namens Nazaret
zu einer Jungfrau gesandt. Sie war mit einem Mann namens Josef verlobt, der aus dem Haus David stammte. Der Name der Jungfrau war Maria.
Der Engel trat bei ihr ein und sagte: Sei gegrüßt, du Begnadete, der Herr ist mit dir.
Sie erschrak über die Anrede und überlegte, was dieser Gruß zu bedeuten habe.
Da sagte der Engel zu ihr: Fürchte dich nicht, Maria; denn du hast bei Gott Gnade gefunden.
Du wirst ein Kind empfangen, einen Sohn wirst du gebären: dem sollst du den Namen Jesus geben.
Er wird groß sein und Sohn des Höchsten genannt werden. Gott, der Herr, wird ihm den Thron seines Vaters David geben.
Er wird über das Haus Jakob in Ewigkeit herrschen, und seine Herrschaft wird kein Ende haben.
Maria sagte zu dem Engel: Wie soll das geschehen, da ich keinen Mann erkenne?
Der Engel antwortete ihr: Der Heilige Geist wird

über dich kommen, und die Kraft des Höchsten wird dich überschatten. Deshalb wird auch das Kind heilig und Sohn Gottes genannt werden.
Auch Elisabet, deine Verwandte, hat noch in ihrem Alter einen Sohn empfangen; obwohl sie als unfruchtbar galt, ist sie jetzt schon im sechsten Monat.
Denn für Gott ist nichts unmöglich.
Da sagte Maria: Ich bin die Magd des Herrn; mir geschehe, wie du es gesagt hast. Danach verließ sie der Engel.

Lk 1,26-38

Liebe Brüder und Schwestern!

In diesen Tagen des Advents lädt uns die Liturgie besonders dazu ein, auf die Jungfrau Maria und den heiligen Josef zu schauen. Sie haben diese Zeit des Wartens und der Vorbereitung auf die Geburt Jesu in einzigartiger Intensität gelebt.
Heute möchte ich eure Aufmerksamkeit auf die Gestalt des heiligen Josef lenken: Im heutigen Evangelium stellt uns der heilige Lukas die Jungfrau Maria als diejenige vor Augen, die mit einem Mann namens Josef verlobt war, der aus dem Haus David stammte (vgl. Lk 1,27). Aber derjenige, der dem Adoptivvater Jesu die meiste Bedeutung einräumt,

ist der Evangelist Matthäus. Er hebt hervor, dass es Josef zu verdanken ist, dass das Kind rechtlich zum Stammbau Davids gehört. Auf diese Weise konnten sich jene Schriften erfüllen, in denen der Messias als »Sohn Davids« angekündigt worden war.
Aber die Rolle von Josef kann man nicht auf diesen rechtlichen Aspekt beschränken. Er ist das Modell des »gerechten« Mannes (vgl. Mt 1,19). In vollkommener Übereinstimmung mit seiner Frau hat er den Mensch gewordenen Sohn Gottes willkommen geheißen, um sich in der Folge der menschlichen Entwicklung Jesu anzunehmen. Deshalb ist es gerade in diesen Tagen, die dem Weihnachtsfest vorausgehen, so überaus vorteilhaft, eine Art geistigen Dialog mit dem heiligen Josef aufzunehmen, damit er uns helfen kann, dieses Geheimnis unseres Glaubens so vollkommen wie möglich zu begehen.
Unser geliebter Papst Johannes Paul II., der den heiligen Josef sehr verehrte, hat uns in seinem Apostolischen Schreiben »Redemptoris Custos« (»Beschützer des Erlösers«) eine wunderschöne Betrachtung hinterlassen, die dem heiligen Josef gewidmet ist. Neben den vielen anderen Aspekten, die er anführt, misst Johannes Paul II. dem Schweigen des heiligen Josef eine ganz besondere Bedeutung zu. Dieses Schweigen ist durchdrungen von der Kontemplation über das Mysterium Gottes und zeugt von einer Haltung der vollkommenen Bereitschaft, den Willen Gottes zu erfüllen.

In anderen Worten: Das Schweigen des heiligen Josef ist nicht Ausdruck einer inneren Leere, sondern einer großen Fülle des Glaubens, den er in seinem Herzen trägt und der all seine Gedanken und Handlungen bestimmt. Durch dieses Schweigen ist Josef imstande, zusammen mit Maria über das Wort Gottes zu wachen, von dem in der Heiligen Schrift die Rede ist, und es unentwegt mit den Ereignissen im Leben Jesu zu vergleichen. Sein Schweigen ist durchdrungen von einem Gebet, das niemals abreißt, von einem Gebet, in dem Gott unentwegt gedankt und sein heiliger Wille gepriesen wird und das getragen ist von einem grenzenlosen Vertrauen in seine Vorsehung. Es ist keine Übertreibung zu sagen, dass Jesus im Menschlichen von seinem »Vater« Josef dieses tiefe innere Leben erlernen wird, das Voraussetzung ist, um wahrlich rechtschaffen zu sein und diese innere »Gerechtigkeit« zu leben, die Jesus eines Tages seinen Jüngern beibringen wird (vgl. Mt 5,20).
Lassen wir uns vom Schweigen des heiligen Josef anstecken! Wir haben es dringend nötig in einer häufig allzu lauten Welt, die Sammlung und Hören auf Gottes Stimme nicht fördern. In dieser Vorbereitungszeit auf das Weihnachtsfest wollen wir die innere Sammlung pflegen, damit wir Jesus in unserem Leben aufnehmen können und damit er auch bei uns bleibt.
In der Vorfreude auf das schon nahe Weihnachtfest

grüße ich herzlich alle deutschsprachigen Pilger hier auf dem Petersplatz, besonders die Gäste aus Oberösterreich. Die geistliche Übung des Advents führt uns an die Feier der Geburt des Erlösers heran. Öffnet jetzt die Türen eures Herzens für den König, der kommen wird! Die jungfräuliche Gottesmutter Maria helfe uns, ihn würdig und liebevoll zu empfangen.

PREDIGT BEIM PASTORALBESUCH DER RÖMISCHEN PFARRGEMEINDE »SANTA MARIA CONSOLATRICE« 18. Dezember 2005

Liebe Brüder und Schwestern!

[...] Wir wollen jetzt kurz das wunderschöne Evangelium des vierten Adventssonntags betrachten, das für mich zu den schönsten Abschnitten der Heiligen Schrift gehört. Und um es nicht zu lange zu machen, möchte ich nur über drei Worte dieses inhaltsreichen Evangeliums nachdenken.

Das erste Wort, das ich mit euch betrachten will, ist der Gruß des Engels an Maria. In der italienischen Übersetzung sagt der Engel: »Ich grüße dich, Maria!« Aber das ursprüngliche griechische Wort, »Kaire«, bedeutet eigentlich »Freue dich«, »Sei froh«. Und das ist die erste Überraschung, denn der Gruß unter den Juden war »Shalom«, »Frieden«, während der Gruß in der griechischen Welt »Kaire«, »Freue dich«, lautete. Es überrascht, dass der Engel, als er Mariens Haus betritt, mit dem Gruß der Griechen grüßt: »Kaire«, »Sei froh, freue dich«. Und als die Griechen 40 Jahre später dieses Evangelium lasen, fanden sie darin eine wichtige Botschaft: Sie konnten verstehen, dass mit dem Beginn des Neuen Testaments, auf den sich dieser Abschnitt des Lukas bezog, gleichzeitig eine Öffnung gegenüber der Völkerwelt stattgefunden hatte, gegenüber der Universalität des Volkes Gottes, das jetzt nicht mehr nur das jüdische Volk, sondern die Welt in ihrer Gesamtheit, alle Völker, umfasste. Im griechischen Gruß des Engels wird die neue Universalität des Reiches des wahren Sohnes Davids offenbar.

Es muss jedoch sofort gesagt werden, dass die Worte des Engels die Wiederaufnahme einer prophetischen Verheißung aus dem Buch des Propheten Zefanja sind. Wir finden hier diesen Gruß fast im Wortlaut wieder. Der von Gott erleuchtete Prophet Zefanja spricht zu Israel: »Freu dich, Tochter Zion; der Herr ist mit dir und wird in dir Wohnung nehmen.« Wir wissen, dass Maria die Heiligen Schriften gut kannte. Ihr Magnifikat ist ein Webstück aus Fäden des Alten Testaments. Wir können daher sicher sein, dass die heilige Jungfrau sofort verstanden hat, dass es sich hier um Worte des Propheten Zefanja handelte, die dieser an Israel gerichtet hatte, an die »Tochter Zion«, die als Wohnung Gottes betrachtet wurde. Das Überraschende ist, dass diese an ganz Israel gerichteten Worte jetzt zu ihr persönlich gesagt werden, und das gibt Maria zu denken. Und da wird ihr klar, dass gerade sie die »Tochter Zion« ist, von der der Prophet gesprochen hat, dass der Herr demnach für sie einen besonderen Plan hat, dass sie dazu berufen

ist, die wahre Wohnung Gottes zu sein, eine Wohnung, die nicht aus Stein, sondern aus lebendigem Fleisch, aus einem lebendigen Herzen besteht, dass Gott als seinen wahren Tempel gerade sie, die Jungfrau, haben will. Welch eine Nachricht! Und nun können wir verstehen, dass Maria beginnt, intensiv über die Bedeutung dieses Grußes nachzudenken.
Aber verweilen wir jetzt vor allem beim ersten Wort: »Freue dich, sei froh.« Es ist das erste Wort, das im Neuen Testament als solchem erklingt, denn die Verkündigung der Geburt Johannes' des Täufers an Zacharias durch den Engel ist ein Wort, das noch an der Schwelle zwischen den beiden Testamenten erklingt. Erst mit diesem Dialog, den der Engel Gabriel mit Maria führt, beginnt das Neue Testament wirklich. Wir können also sagen, dass das erste Wort des Neuen Testaments eine Einladung zur Freude ist: »Freue dich!« Das Neue Testament ist wirklich ein »Evangelium«, die »Gute Nachricht«, die uns Freude bringt. Gott ist uns nicht fern, unbekannt, rätselhaft oder vielleicht gefährlich. Gott ist uns nahe, so nahe, dass er zu einem Kind wird, und wir dürfen »du« zu diesem Gott sagen.
Vor allem die griechische Welt hat diese Neuigkeit wahrgenommen und diese Freude tief empfunden, denn es war ihren Bewohnern nicht klar, ob es einen guten oder bösen Gott oder einfach gar keinen Gott gibt. In der damaligen Religion war von vielen Gottheiten die Rede; daher fühlten sie sich

von den verschiedensten Gottheiten umgeben, die zueinander im Gegensatz standen, so dass man befürchten musste, dass die eine Gottheit gekränkt sein und sich rächen würde, wenn man etwas zugunsten einer anderen tat. Und so lebten sie in einer Welt der Angst, umgeben von gefährlichen Dämonen, ohne jemals zu wissen, wie man sich vor solchen gegensätzlichen Mächten retten könne. Es war eine Welt der Angst, eine dunkle Welt. Und jetzt hörten sie, dass gesagt wurde: »Freue dich, diese Dämonen sind ein Nichts, es gibt den wahren Gott, und dieser wahre Gott ist gut, er liebt uns, er kennt uns, er ist mit uns, so sehr mit uns, dass er sogar Fleisch geworden ist!« Das ist die große Freude, die das Christentum verkündet. Diesen Gott zu kennen, ist wirklich die »gute Nachricht«, ein Wort der Erlösung.

Vielleicht sind wir Katholiken, die wir es seit jeher wissen, nicht mehr überrascht, vielleicht nehmen wir diese befreiende Freude nicht mehr in ihrer Lebendigkeit wahr. Aber wenn wir uns die heutige Welt ansehen, in der Gott abwesend ist, müssen wir feststellen, dass sie ebenfalls von Ängsten und Unsicherheiten beherrscht wird: Ist es gut, ein Mensch zu sein oder nicht? Ist es gut zu leben oder nicht? Ist die Existenz wirklich etwas Gutes? Oder ist vielleicht alles negativ? Und die Menschen leben wirklich in einer dunklen Welt und brauchen Betäubungsmittel, um leben zu können. Deshalb

ist das Wort: »Freu dich, denn Gott ist mit dir, er ist mit uns« ein Wort, das wirklich eine neue Zeit einleitet. Meine Lieben, wir müssen dieses befreiende Wort »Freue dich!« wieder im Glauben und aus tiefstem Herzen annehmen und verstehen.
Diese Freude, die man empfangen hat, kann man nicht für sich allein behalten; die Freude muss immer geteilt werden. Eine Freude muss mitgeteilt werden. Maria hat sich sogleich aufgemacht, um ihrer Verwandten Elisabet ihre Freude mitzuteilen. Und seit sie in den Himmel aufgenommen wurde, schenkt sie der ganzen Welt Freude, ist sie die große Trösterin geworden, unsere Mutter, die Freude, Zuversicht und Güte mitteilt und uns einlädt, ebenfalls Freude zu verbreiten. Das ist unsere wahre Aufgabe im Advent: den anderen Menschen die Freude zu bringen. Das wahre Weihnachtsgeschenk ist die Freude, nicht die teuren Geschenke, die Zeit und Geld kosten. Wir können diese Freude in ganz einfacher Weise mitteilen, durch ein Lächeln, durch eine nette Geste, durch ein wenig Hilfe, durch Vergebung. Wenn wir den anderen die Freude bringen, dann wird die Freude, die wir geschenkt haben, wieder zu uns zurückkehren. Versuchen wir vor allem, die tiefste Freude zu bringen, die Freude, Gott in Christus kennen gelernt zu haben. Bitten wir darum, dass in unserem Leben diese Gegenwart der befreienden Freude Gottes sichtbar werde.

Das zweite Wort, das ich betrachten möchte, ist wieder ein Wort des Engels: »Fürchte dich nicht, Maria!« sagt er. Sie hatte wirklich allen Grund, sich zu fürchten, denn die Last der Welt auf den eigenen Schultern zu tragen, die Mutter des Königs der Welt zu sein, die Mutter des Sohnes Gottes zu sein, welch eine Last bedeutete das! Eine Last, die alle menschlichen Kräfte überstieg! Aber der Engel sagt: »Fürchte dich nicht! Ja, du trägst Gott, aber Gott trägt dich. Fürchte dich nicht!« Dieses Wort »Fürchte dich nicht!« ist sicher tief in Mariens Herz eingedrungen. Wir können uns vorstellen, dass die heilige Jungfrau später manchmal an dieses Wort zurückgedacht hat, es von neuem gehört hat. In dem Moment, als Simeon zu ihr sagt: »Dein Sohn wird ein Zeichen sein, dem widersprochen wird, dir selbst aber wird ein Schwert durch die Seele dringen« (vgl. Lk 2,34–35), in diesem Moment, in dem die Furcht sie hätte überwältigen können, denkt Maria an die Worte des Engels und hört sie im Innern leise widerhallen: »Fürchte dich nicht, Gott trägt dich!« Und als während seines öffentlichen Lebens der Streit um Jesus entbrennt und viele sagen: »Er ist von Sinnen«, denkt sie wieder: »Fürchte dich nicht« und setzt ihren Weg fort. Als sie ihm schließlich auf dem Kreuzweg begegnet und dann auf Golgota unter dem Kreuz steht, hört sie, als alles verloren scheint, in ihrem Herzen wieder die Worte des Engels:

»Fürchte dich nicht!« Und so steht sie mutig neben dem sterbenden Sohn und geht vom Glauben gestützt auf die Auferstehung, auf Pfingsten, auf die Gründung der neuen Familie der Kirche zu.
»Fürchte dich nicht!«: Maria sagt diese Worte auch zu uns. Ich habe bereits erwähnt, dass unsere Welt eine Welt der Angst ist: Angst vor Elend und Armut, Angst vor Krankheiten und Leiden, Angst vor der Einsamkeit, Angst vor dem Tod. Wir haben in unserer Welt ein hoch entwickeltes Versicherungssystem, und es ist gut, dass es dies gibt. Aber wir wissen, dass uns im Augenblick schweren Leidens, im Augenblick der äußersten Todesverlassenheit keine Versicherung helfen kann. Die einzige Versicherung, die in dem Moment einen Wert hat, ist die, die vom Herrn kommt, der auch zu uns spricht: »Fürchte dich nicht, ich bin immer bei dir.« Wir können fallen, aber am Ende fallen wir in Gottes Hände, und Gottes Hände sind gute Hände.
Das dritte Wort: Am Ende des Gesprächs antwortet Maria dem Engel: »Ich bin die Magd des Herrn, mir geschehe, wie du es gesagt hast.« Maria nimmt so die dritte Bitte des Vaterunsers vorweg: »Dein Wille geschehe!« Sie sagt Ja zum mächtigen Willen Gottes, einem Willen, der scheinbar zu groß für einen Menschen ist: Maria sagt Ja zu diesem göttlichen Willen, sie fügt sich diesem Willen, mit einem allumfassenden Ja stellt sie ihr ganzes Dasein in den Willen Gottes hinein und öffnet Gott so

die Tür zur Welt. Adam und Eva hatten durch ihr Nein zum Willen Gottes diese Tür geschlossen. »Gottes Wille geschehe«: Maria lädt uns ein, ebenfalls dieses Ja auszusprechen, das manchmal so schwierig zu sein scheint. Wir sind versucht, unseren eigenen Willen vorzuziehen, aber sie sagt zu uns: »Hab Mut, sprich auch du: ›Dein Wille geschehe‹, denn dieser Wille ist gut.« Er mag uns anfangs wie eine beinahe unerträgliche Last erscheinen, wie ein Joch, das zu tragen unmöglich ist, aber in Wirklichkeit ist Gottes Wille keine Last, sondern der Wille Gottes verleiht uns Flügel, so dass wir hoch fliegen und es mit Maria auch selbst wagen können, Gott die Tür zu unserem Leben zu öffnen, die Türen zu dieser Welt, indem wir Ja sagen zu seinem Willen, im Bewusstsein, dass dieser Wille das wahre Gut ist und uns zum wahren Glück führt. Bitten wir Maria, die Trösterin, unsere Mutter, die Mutter der Kirche, dass sie uns Mut gebe, dieses Ja auszusprechen, dass sie uns auch die Freude schenke, bei Gott zu sein, und dass sie uns zu seinem Sohn führe, zum wahren Leben. Amen.

ANGELUS AM 4. ADVENTSSONNTAG
24. Dezember 2006

Aus dir wird der hervorgehen, der über Israel herrschen soll

Aber du, Betlehem-Efrata, so klein unter den Gauen Judas, aus dir wird mir einer hervorgehen, der über Israel herrschen soll. Sein Ursprung liegt in ferner Vorzeit, in längst vergangenen Tagen.
Darum gibt der Herr sie preis, bis die Gebärende einen Sohn geboren hat. Dann wird der Rest seiner Brüder heimkehren zu den Söhnen Israels.
Er wird auftreten und ihr Hirt sein in der Kraft des Herrn, im hohen Namen Jahwes, seines Gottes. Sie werden in Sicherheit leben; denn nun reicht seine Macht bis an die Grenzen der Erde.
Und er wird der Friede sein.

Mi 5,1-4a

Ja, ich komme, um deinen Willen, Gott, zu tun

Darum spricht Christus bei seinem Eintritt in die Welt: Schlacht- und Speiseopfer hast du nicht gefordert, doch einen Leib hast du mir geschaffen; an Brand- und Sündopfern hast du kein Gefallen.
Da sagte ich: Ja, ich komme – so steht es über mich

in der Schriftrolle –, um deinen Willen, Gott, zu tun.
Zunächst sagt er: Schlacht- und Speiseopfer, Brand- und Sündopfer forderst du nicht, du hast daran kein Gefallen, obgleich sie doch nach dem Gesetz dargebracht werden;
dann aber hat er gesagt: Ja, ich komme, um deinen Willen zu tun. So hebt Christus das erste auf, um das zweite in Kraft zu setzen.
Aufgrund dieses Willens sind wir durch die Opfergabe des Leibes Jesu Christi ein für alle Mal geheiligt.

Hebr 10,5-10

Wer bin ich, dass die Mutter meines Herrn zu mir kommt?
Nach einigen Tagen machte sich Maria auf den Weg und eilte in eine Stadt im Bergland von Judäa. Sie ging in das Haus des Zacharias und begrüßte Elisabet.
Als Elisabet den Gruß Marias hörte, hüpfte das Kind in ihrem Leib. Da wurde Elisabet vom Heiligen Geist erfüllt und rief mit lauter Stimme: Gesegnet bist du mehr als alle anderen Frauen, und gesegnet ist die Frucht deines Leibes.
Wer bin ich, dass die Mutter meines Herrn zu mir kommt?

In dem Augenblick, als ich deinen Gruß hörte, hüpfte das Kind vor Freude in meinem Leib.
Selig ist die, die geglaubt hat, dass sich erfüllt, was der Herr ihr sagen ließ.

Lk 1,39-45

Die Feier des heiligen Weihnachtsfestes ist nun in unmittelbare Nähe gerückt. Der heutige Tag bereitet uns darauf vor, das Geheimnis inständig zu leben, zu dessen Betrachtung mit den Augen des Glaubens uns die Liturgie dieser Nacht auffordert. Im göttlichen Neugeborenen, den wir in die Krippe legen werden, offenbart sich unser Heil. In Gott, der für uns Mensch wird, fühlen wir uns alle geliebt und angenommen, wir entdecken, dass wir in den Augen des Schöpfers wertvoll und einzigartig sind. Die Geburt Christi lässt uns zum Bewusstsein kommen, wie viel das menschliche Leben wert ist, das Leben eines jeden Menschen, von seinem ersten Augenblick an bis hin zu seinem natürlichen Sterben. Wer diesem »in Windeln gewickelten Kind«, das »in einer Krippe liegt« (vgl. Lk 2,12), sein Herz öffnet, dem gibt er die Möglichkeit, mit neuen Augen die alltäglichen Geschehnisse zu betrachten. Er wird die anziehende Macht verkosten können, die aus dem Innern der Liebe Gottes kommt und auch den Schmerz in Freude zu verwandeln vermag.

Bereiten wir uns darauf vor, liebe Freunde, Jesus, dem Emmanuel – Gott mit uns – zu begegnen. Geboren in der Armut von Betlehem, wollte er der Weggefährte eines jeden werden. Seit er sein »Zelt« in dieser Welt aufgeschlagen hat, ist keiner ein Fremder. Es ist wahr, wir sind alle auf der Durchreise. Gerade aber Jesus ist es, der uns das Gefühl gibt, zu Hause zu sein auf dieser Erde, die durch seine Gegenwart geheiligt wurde. Er aber bittet uns, sie für alle zu einem einladenden Haus zu machen. Die überraschende Gabe von Weihnachten besteht gerade darin: Jesus ist für jeden von uns gekommen, und in ihm hat er uns zu Brüdern gemacht. Die entsprechende Aufgabe ist, immer mehr die vorgefassten Meinungen und Vorurteile zu überwinden, die Schranken niederzureißen und die Kontraste zu beseitigen, die trennen oder – was noch schlimmer ist – die Menschen und die Völker in Gegensatz zueinander bringen, um gemeinsam eine Welt der Gerechtigkeit und des Friedens aufzubauen.

Mit diesen Empfindungen, liebe Brüder und Schwestern, erleben wir die letzten Stunden, die uns von Weihnachten trennen, indem wir uns geistlich darauf vorbereiten, das Jesuskind zu empfangen. Im Herzen der Nacht wird es zu uns kommen. Es ist aber sein Wunsch, auch in uns zu kommen, das heißt im Herzen eines jeden von uns zu wohnen. Damit dies geschehe, ist es unabkömm-

lich, dass wir verfügbar und vorbereitet sind, ihn zu empfangen, bereit, ihm Platz zu machen: in uns, in unseren Familien, in unseren Städten. Seine Geburt möge uns nicht damit beschäftigt finden, Weihnachten zu feiern und gleichzeitig zu vergessen, dass gerade er die Hauptperson des Festes ist! Maria stehe uns bei, die innere Sammlung zu bewahren, die unentbehrlich ist, um die tiefe Freude auskosten zu können, welche die Geburt des Erlösers mit sich bringt. An sie wenden wir uns jetzt mit unserem Gebet und denken dabei besonders an all diejenigen, die Weihnachten in Traurigkeit und Einsamkeit, in Krankheit und in Leid verbringen werden: allen gewähre die allerseligste Jungfrau Stärkung und Trost.
Voll freudiger Erwartung blicken wir auf die schon nahe Feier von Weihnachten. Mit Maria wollen wir uns auf die Geburt unseres Erlösers Jesus Christus vorbereiten. Öffnen wir unser Herz für sein Kommen, damit er uns und der ganzen Welt sein Licht und seinen Frieden bringe.

GENERALAUDIENZ
21. Dezember 2005

Liebe Brüder und Schwestern!

Die heutige Generalaudienz findet in einer Atmosphäre der frohen und gespannten Erwartung der nun unmittelbar bevorstehenden Weihnachtstage statt. Komm, Herr Jesus! So beten wir in diesen Tagen wiederholt und bereiten uns darauf vor, in unseren Herzen die Freude über die Geburt des Erlösers zu verspüren. Besonders in dieser letzten Adventswoche begleitet und unterstützt die Liturgie unseren inneren Weg mit wiederholten Einladungen, den Erlöser aufzunehmen und Ihn in dem wehrlosen Kind in der Krippe zu erkennen.

Dies ist das Geheimnis des Weihnachtsfestes, das wir mit der Hilfe zahlreicher Symbole besser verstehen können. Unter diesen Symbolen ist auch das Licht, das von seiner spirituellen Bedeutung her zu den reichsten Symbolen gehört und auf das ich kurz eingehen möchte. Weihnachten fällt in unserer Hemisphäre in die Tage, in denen die Sonne ihre absteigende Bahn beendet und langsam beginnt, das Licht des Tages wieder zu verlängern, dem regelmäßig wiederkehrenden Ablauf der Jahreszeiten entsprechend. Das hilft uns, das Thema

des Lichtes, das die Finsternis überwindet, besser zu verstehen. Es ist ein eindrückliches Symbol für eine Wirklichkeit, die das Innere des Menschen berührt: Ich beziehe mich auf das Licht des Guten, das über das Böse siegt, der Liebe, die den Hass überwindet, des Lebens, das den Tod besiegt. An dieses innere Licht, an das göttliche Licht lässt uns das Weihnachtsfest denken, das uns wieder den endgültigen Sieg der Liebe Gottes über die Sünde und den Tod verkündet. Aus diesem Grund gibt es in der Novene vor Weihnachten, die wir in diesen Tagen beten, viele und bedeutungsreiche Hinweise auf das Licht. Auch die Antiphon, die am Beginn unserer Begegnung gesungen wurde, erinnert uns daran. Der von den Völkern erwartete Erlöser wird als »Morgenstern« angerufen, als der Stern, der den Weg weist und die Menschen führt, die in den Dunkelheiten und Gefahren der Welt als Pilger unterwegs sind zum Heil, das von Gott verheißen und in Jesus Christus verwirklicht wurde.
Wir bereiten uns darauf vor, voll Freude die Geburt des Erlösers in unseren Familien und in unseren kirchlichen Gemeinschaften zu feiern, während eine gewisse moderne und konsumorientierte Kultur danach strebt, die christlichen Symbole aus der Feier des Weihnachtsfestes verschwinden zu lassen. Alle mögen sich dafür einsetzen, den Wert der weihnachtlichen Traditionen zu erfassen, die Teil unseres Glaubenserbes und unserer Kultur sind,

um sie an die jungen Generationen weiterzugeben. Besonders wenn wir sehen, wie die Straßen und Plätze der Stadt in ein funkelndes Lichtermeer getaucht sind, sollen wir uns daran erinnern, dass diese Lichter uns auf ein anderes Licht verweisen, das für die Augen unsichtbar ist, aber nicht für das Herz. Während wir sie bewundern, während wir in den Kirchen die Kerzen anzünden oder die Krippe und den Weihnachtsbaum in den Häusern erstrahlen lassen, möge sich unser Inneres für das wahre spirituelle Licht öffnen, das allen Menschen guten Willens geschenkt wird. Der »Gott-mit-uns«, den die Jungfrau Maria zu Betlehem geboren hat, ist der Stern unseres Lebens!
»O Morgenstern, Glanz des unversehrten Lichtes, der Gerechtigkeit strahlende Sonne: o komm und erleuchte, die da sitzen in Finsternis und im Schatten des Todes!« Indem wir uns diese Anrufung aus der Liturgie des heutigen Tages zu eigen machen, bitten wir den Herrn, seine glorreiche Ankunft unter uns und unter all denen, die leiden, zu beschleunigen, denn nur in Ihm kann die tiefste Sehnsucht des menschlichen Herzens Erfüllung finden. Dieser Stern des Lichtes, der niemals untergeht, schenke uns die Kraft, immer dem Weg der Wahrheit, der Gerechtigkeit und der Liebe zu folgen! Leben wir mit tiefem Bewusstsein diese letzten Tage vor dem Weihnachtsfest, zusammen mit Maria, der Jungfrau des Schweigens und des

Hörens. Sie, die vollständig in das Licht des Heiligen Geistes gehüllt war, möge uns helfen, das Geheimnis des Geburtsfestes Jesu zu verstehen und in ganzer Fülle zu leben. Mit diesen Empfindungen möchte ich euch auffordern, das innere Staunen lebendig zu erhalten in der sehnsüchtigen Erwartung der nun schon sehr nahen Feier der Geburt des Erlösers. Ich freue mich, schon jetzt euch allen ein gesegnetes und frohes Weihnachtsfest zu wünschen, die ihr hier anwesend seid, euren Angehörigen, euren Gemeinschaften und allen, die euch nahe stehen.

Allen frohe Weihnachten!

In der vierten Adventswoche stehen wir an der Schwelle des Weihnachtsfestes. Die Liturgie dieser Tage lädt uns ein, den göttlichen Erlöser aufzunehmen, den wir im Kind in der Krippe erkennen.

Zahlreiche Symbole helfen uns, das Geheimnis der Weihnacht besser zu verstehen; das Licht ist darunter eines der tiefsinnigsten. Mit der Wintersonnenwende nimmt auf unserer Hemisphäre die Zeit des Tageslichts wieder zu. Diese Naturerscheinung deutet auf eine andere Wirklichkeit hin, die den Menschen berührt. Das Licht des Guten siegt über die Dunkelheit des Bösen, die Liebe überwindet den Hass, das Leben besiegt den Tod. Zu Weihnachten erstrahlt die Botschaft vom endgültigen Sieg der Liebe Gottes über Sünde und Tod. Die heutige O-Antiphon grüßt den kommenden Herrn als den Morgenstern, der uns Menschen den Weg zeigt und der uns führt. Der »Gott-mit-uns«, den die Jungfrau Maria zu Betlehem geboren hat, ist der wahre Stern unseres Lebens, der allein die tiefste Sehnsucht des menschlichen Herzens stillen kann.

In der Vorfreude auf das Fest der Geburt des Herrn grüße ich gerne alle Pilger und Besucher aus dem deutschen Sprachraum. Jesus Christus ist das Licht, das niemals untergeht und uns Kraft schenkt, auf dem Weg der Wahrheit, der Gerechtigkeit und der Liebe mutig voranzuschreiten. Schenkt dem göttlichen Kind euer Leben und euer Herz.

GENERALAUDIENZ
20. Dezember 2006

Liebe Brüder und Schwestern!

»Der Herr ist nahe, kommt, wir beten ihn an.« Mit diesem Ruf lädt uns die Liturgie in diesen letzten Adventstagen ein, uns gleichsam auf den Zehenspitzen der Grotte von Betlehem zu nähern, wo das außerordentliche Ereignis geschehen ist, das den Lauf der Geschichte verändert hat: die Geburt des Erlösers. In der Weihnachtsnacht werden wir noch einmal vor der Krippe innehalten, um staunend das »menschgewordene Göttliche Wort« zu betrachten. Empfindungen der Freude und der Dankbarkeit werden sich wie jedes Jahr in unseren Herzen erneuern, wenn wir die weihnachtlichen Melodien hören, die in so vielen Sprachen dasselbe außergewöhnliche Wunder besingen. Der Schöpfer des Universums kam aus Liebe, um seine Wohnung unter den Menschen zu nehmen. Im Philipperbrief sagt der hl. Paulus: Christus »war Gott gleich, hielt aber nicht daran fest, wie Gott zu sein, sondern er entäußerte sich und wurde wie ein Sklave und den Menschen gleich« (Phil 2,6–7). Und der Apostel fügt hinzu, dass sein Leben das eines Menschen war und er sich erniedrigte. An Weihnachten wer-

den wir die Verwirklichung dieses erhabenen Geheimnisses der Gnade und der Barmherzigkeit erneut erleben.
Der hl. Paulus sagt an anderer Stelle: »Als aber die Zeit erfüllt war, sandte Gott seinen Sohn, geboren von einer Frau und dem Gesetz unterstellt, damit er die freikaufe, die unter dem Gesetz stehen, und damit wir die Sohnschaft erlangen« (Gal 4,4–5). Tatsächlich erwartete das auserwählte Volk seit vielen Jahrhunderten den Messias, aber es stellte sich ihn als einen mächtigen und siegreichen Feldherrn vor, der die Seinen von der unterdrückenden Fremdherrschaft befreien würde. Der Erlöser wurde dagegen in der Stille und in äußerster Armut geboren. Er kam als Licht, das jeden Menschen erleuchtet, sagt der Evangelist Johannes, »aber die Seinen nahmen ihn nicht auf« (Joh 1,11). Der Apostel fügt jedoch hinzu: »Allen aber, die ihn aufnahmen, gab er Macht, Kinder Gottes zu werden« (1,12). Das verheißene Licht erleuchtete die Herzen derer, die in wachsamer und tätiger Erwartung ausgeharrt hatten.
Die Adventsliturgie ermahnt auch uns, wachsam und nüchtern zu sein, um uns nicht lähmen zu lassen von der Sünde und den übertriebenen Sorgen der Welt. Wir können nämlich nur wachend und betend den Glanz der Geburt Christi erkennen und aufnehmen. Der hl. Maximus von Turin, ein Bischof des 4./5. Jahrhunderts, unterstreicht in einer

seiner Predigten: »Die Zeit gemahnt uns, dass der Tag der Geburt des Herrn ganz nahe ist. Die Welt selbst mit ihren Bedrängnissen bringt den Hinweis auf etwas Bevorstehendes zum Ausdruck, durch das sie erneuert werden wird, und in ungeduldiger Erwartung sehnt sie sich danach, dass der Glanz einer helleren Sonne ihr Dunkel erleuchte ... Diese Erwartung der Schöpfung nun überzeugt auch uns, das Kommen Christi, der neuen Sonne, zu erwarten« (Disc. 61a,1–3). Die Schöpfung selbst führt uns also dazu, dass wir den, der kommen wird, entdecken und erkennen.
Die Frage aber ist: Erwartet die Menschheit unserer Zeit noch einen Erlöser? Man hat den Eindruck, dass viele Gott als etwas betrachten, das nicht in den Bereich ihrer Interessen fällt. Sie brauchen ihn scheinbar nicht; sie leben, als ob es ihn nicht gäbe oder, schlimmer noch, als ob er ein »Hindernis« wäre, das beseitigt werden muss, damit man sich selbst verwirklichen kann. Auch von den Gläubigen lassen sich sicherlich manche durch verführerische Trugbilder verlocken und durch Lehren auf Abwege führen, die illusorische, schnellere Möglichkeiten anbieten, um das Glück zu erreichen. Und dennoch sucht die Menschheit heute – auch in ihren Widersprüchen, Ängsten und dramatischen Situationen oder gerade wegen ihnen – einen Weg der Erneuerung, des Heils; sie sucht einen Erlöser und erwartet, manchmal unbe-

wusst, das Kommen des Erlösers, der unsere Welt und unser Leben erneuert, das Kommen Christi, des einzigen wirklichen Erlösers des Menschen, und zwar des ganzen Menschen. Sicher bieten falsche Propheten weiterhin eine Erlösung zu einem »billigen Preis« an, die am Ende immer bittere Enttäuschungen hervorruft. Gerade die Geschichte der letzten 50 Jahre zeigt diese Suche nach einem Erlöser zu einem »billigen Preis« und macht all die Enttäuschungen deutlich, die daraus entstanden sind. Unsere Aufgabe als Christen ist es, mit dem Zeugnis unseres Lebens die Wahrheit des Weihnachtsfestes zu verbreiten, die Christus jedem Mann und jeder Frau guten Willens bringt. Jesus wird in der Armut der Krippe geboren und kommt, um allen jene Freude und jenen Frieden zu schenken, der allein das Sehnen des menschlichen Herzens stillen kann.

Aber wie sollen wir uns darauf vorbereiten, dem Herrn, der kommt, unser Herz zu öffnen? Die geistliche Haltung der wachsamen und betenden Erwartung bleibt das grundlegende Kennzeichen des Christen in dieser Adventszeit. Das ist die Haltung, welche die Hauptpersonen jener Zeit auszeichnete: Zacharias und Elisabet, die Hirten, die Heiligen Drei Könige, das einfache und demütige Volk. Vor allem die Erwartung Marias und Josephs! Letztere haben mehr als alle anderen in eigener Person das Bangen und die Sorge um das Kind, das geboren werden sollte, erfahren. Es ist nicht schwer, sich vorzustellen, wie sie die letzten Tage verbracht haben, in der Erwartung, den Neugeborenen in ihre Arme schließen zu können. Ihre Haltung soll auch die unsere sein, liebe Brüder und Schwestern! Hören wir dazu die Ermahnung des schon zitierten Bischofs von Turin, des hl. Maximus: »Während wir uns darauf vorbereiten, die Geburt des Herrn anzunehmen, wollen wir uns mit reinen Gewändern, ohne Flecken bekleiden. Ich spreche vom Kleid der Seele, nicht von jenem des Leibes. Bekleiden wir uns nicht mit Gewändern aus Seide, sondern mit heiligen Werken! Die prunkvollen Kleider können die Glieder des Leibes bedecken, aber sie schmücken nicht das Gewissen« (ebd.).

Wenn das Jesuskind unter uns zur Welt kommt, soll es uns nicht unaufmerksam antreffen oder nur damit beschäftigt, unser Zuhause mit Lichtern zu schmücken. Bereiten wir vielmehr in unseren Herzen und unseren Familien eine würdige Wohnung vor, in der es sich mit Glauben und Liebe aufgenommen fühlt. Die Jungfrau Maria und der hl. Joseph mögen uns helfen, das Weihnachtsgeheimnis mit erneutem Staunen und friedenstiftender innerer Freude zu erleben. Mit diesen Empfindungen möchte ich euch allen meine herzlichen Wünsche für ein heiliges und glückliches Weihnachtsfest zum Ausdruck bringen, euch allen, die ihr hier seid und auch euren Familienangehörigen; beson-

ders denke ich an alle, die in Schwierigkeiten sind oder körperliches und seelisches Leid tragen. Gesegnete Weihnachten euch allen!
»Der Herr ist nahe; kommt, wir beten ihn an.« Mit diesem Ruf lädt uns die Liturgie in diesen letzten Tagen des Advents ein, auf das Geschehen von Betlehem zuzugehen. In der Heiligen Nacht dürfen wir wieder staunend das menschgewordene Göttliche Wort in der Krippe betrachten. Der Schöpfer des Himmels und der Erde nimmt Wohnung unter den Menschen. Der Sohn Gottes entäußert sich und wird den Menschen gleich (vgl. Phil 2, 7). Nicht in Glanz und Glorie, sondern in Stille und in Armut wird der lang ersehnte Messias geboren.
Und heute, brauchen die Menschen noch einen Erlöser? Oft hat es den Anschein, dass viele Gott als jemanden betrachten, der nicht in den Bereich ihrer Interessen fällt. Sie leben so, als ob es ihn nicht gäbe, oder, noch schlimmer, als ob er ein Hindernis wäre, das umgangen werden muss, um auf der Straße des Erfolgs voranzukommen. Doch suchen die Menschen auch in unserer Zeit den Heiland und erwarten, mitunter unbewusst, das Kommen Christi, des einen wahren Erlösers des Menschen. Unsere Aufgabe ist es, ihnen mit dem Zeugnis unseres Lebens die Wahrheit von Weihnachten zu verkünden: dass Christus allein alles menschliche Sehnen nach Heil und Frieden stillen kann.

In der Freude der nahen Feier der Geburt Christi grüße ich alle Pilger und Besucher aus dem deutschen Sprachraum. Jesus Christus kommt in die Welt, damit wir Kinder Gottes werden. Bereiten wir dem göttlichen Kind eine Wohnstatt der Liebe und des Glaubens in unseren Herzen und in unseren Familien.

PREDIGT ZUM FEST DER GEBURT DES HERRN
24. Dezember 2005

Sohn ist uns geschenkt; man nennt ihn: Fürst des Friedens

Das Volk, das im Dunkel lebt, sieht ein helles Licht; über denen, die im Land der Finsternis wohnen, strahlt ein Licht auf.

Du erregst lauten Jubel und schenkst große Freude. Man freut sich in deiner Nähe, wie man sich freut bei der Ernte, wie man jubelt, wenn Beute verteilt wird.

Denn wie am Tag von Midian zerbrichst du das drückende Joch, das Tragholz auf unserer Schulter und den Stock des Treibers.

Jeder Stiefel, der dröhnend daherstampft, jeder Mantel, der mit Blut befleckt ist, wird verbrannt, wird ein Fraß des Feuers.

Denn uns ist ein Kind geboren, ein Sohn ist uns geschenkt. Die Herrschaft liegt auf seiner Schulter; man nennt ihn: Wunderbarer Ratgeber, Starker Gott, Vater in Ewigkeit, Fürst des Friedens.

Seine Herrschaft ist groß, und der Friede hat kein Ende. Auf dem Thron Davids herrscht er über sein Reich; er festigt und stützt es durch Recht und Gerechtigkeit, jetzt und für alle Zeiten. Der leidenschaftliche Eifer des Herrn der Heere wird das vollbringen.

Jes 9,1-6

Die Gnade Gottes ist erschienen, um alle Menschen zu retten

Denn die Gnade Gottes ist erschienen, um alle Menschen zu retten.
Sie erzieht uns dazu, uns von der Gottlosigkeit und den irdischen Begierden loszusagen und besonnen, gerecht und fromm in dieser Welt zu leben,
während wir auf die selige Erfüllung unserer Hoffnung warten: auf das Erscheinen der Herrlichkeit unseres großen Gottes und Retters Christus Jesus.
Er hat sich für uns hingegeben, um uns von aller Schuld zu erlösen und sich ein reines Volk zu schaffen, das ihm als sein besonderes Eigentum gehört und voll Eifer danach strebt, das Gute zu tun.

Tit 2,11-14

Heute ist euch der Retter geboren

In jenen Tagen erließ Kaiser Augustus den Befehl, alle Bewohner des Reiches in Steuerlisten einzutragen.

Dies geschah zum ersten Mal; damals war Quirinius Statthalter von Syrien.
Da ging jeder in seine Stadt, um sich eintragen zu lassen.
So zog auch Josef von der Stadt Nazaret in Galiläa hinauf nach Judäa in die Stadt Davids, die Betlehem heißt; denn er war aus dem Haus und Geschlecht Davids.
Er wollte sich eintragen lassen mit Maria, seiner Verlobten, die ein Kind erwartete.
Als sie dort waren, kam für Maria die Zeit ihrer Niederkunft, und sie gebar ihren Sohn, den Erstgeborenen. Sie wickelte ihn in Windeln und legte ihn in eine Krippe, weil in der Herberge kein Platz für sie war.
In jener Gegend lagerten Hirten auf freiem Feld und hielten Nachtwache bei ihrer Herde.
Da trat der Engel des Herrn zu ihnen, und der Glanz des Herrn umstrahlte sie. Sie fürchteten sich sehr, der Engel aber sagte zu ihnen: Fürchtet euch nicht, denn ich verkünde euch eine große Freude, die dem ganzen Volk zuteil werden soll:
Heute ist euch in der Stadt Davids der Retter geboren; er ist der Messias, der Herr.
Und das soll euch als Zeichen dienen: Ihr werdet ein Kind finden, das, in Windeln gewickelt, in einer Krippe liegt.
Und plötzlich war bei dem Engel ein großes himmlisches Heer, das Gott lobte und sprach:

Verherrlicht ist Gott in der Höhe, und auf Erden ist Friede bei den Menschen seiner Gnade.

Lk 2,1-14

»Der Herr sprach zu mir: ›Mein Sohn bist du; heute habe ich dich gezeugt.‹« Mit diesen Worten aus dem Psalm 2 eröffnet die Kirche die Mitternachtsmesse zu Weihnachten, mit der wir die Geburt unseres Erlösers Jesus Christus im Stall zu Betlehem feiern. Einst hat dieser Psalm dem Krönungsritual der Könige von Juda zugehört. Das Volk Israel wusste sich durch seine Erwählung in besonderer Weise als Gottes Sohn, als von Gott angenommen. Der König war nun die Verkörperung dieses Volkes, und seine Erhebung auf den Thron war so ein feierlicher Akt der Adoption durch Gott selber, durch den er irgendwie in das Geheimnis Gottes selbst einbezogen wurde. In der Nacht von Betlehem haben diese Worte, die stets mehr Ausdruck einer Hoffnung als gegenwärtiger Wirklichkeit waren, einen neuen und unerwarteten Sinn angenommen. Das Kindlein in der Krippe ist wirklich Gottes Sohn. Gott ist nicht ewige Einsamkeit, sondern ein Kreis der Liebe in Hingabe und Zurückschenken: Vater, Sohn und Heiliger Geist.
Mehr noch: In Jesus Christus ist Gottes Sohn, Gott selbst ein Mensch geworden. Zu ihm sagt der

Vater: »Mein Sohn bist du.« Das ewige Heute Gottes ist in das vergängliche Heute dieser Welt herabgestiegen und zieht unser vergehendes Heute in Gottes immerwährendes Heute hinein. Gott ist so groß, dass er klein werden kann. Gott ist so mächtig, dass er sich wehrlos machen kann und als wehrloses Kindlein auf uns zugeht, damit wir ihn lieben können. Gott ist so gut, dass er auf seinen göttlichen Glanz verzichtet und in den Stall herabsteigt, damit wir ihn finden können und so seine Güte auch uns berührt, uns ansteckt, durch uns weiterwirkt. Das ist Weihnachten: »Mein Sohn bist du; heute habe ich dich gezeugt.« Gott ist einer von uns geworden, damit wir mit ihm sein, ihm ähnlich werden können. Er hat das Kind in der Krippe zu seinem Zeichen gewählt: So ist er. So lernen wir ihn kennen. Und über jedem Kind steht etwas vom Strahl dieses Heute, von der göttlichen Nähe, die wir lieben und der wir uns beugen sollen – über jedem Kind, auch über dem ungeborenen.

Hören wir ein zweites Wort aus der Liturgie dieser Heiligen Nacht, diesmal dem Buch des Propheten Jesaja entnommen: »Über denen, die im Land der Finsternis wohnen, strahlt ein Licht auf« (9, 1). Das Wort Licht durchzieht die ganze Liturgie dieser heiligen Messe. Es klingt wieder an in der Lesung aus dem Brief des heiligen Paulus an Titus: »Die Gnade ist erschienen« (2, 11). Der Ausdruck »ist er-

schienen« gehört dem griechischen Sprachbereich zu und besagt dort dasselbe, was im Hebräischen »ein Licht strahlte auf« heißt: Die »Erscheinung« – die »Epiphanie« – ist das Hereinleuchten von Gottes Licht in eine Welt voller Dunkel und voller ungelöster Fragen. Schließlich erzählt uns das Evangelium davon, dass den Hirten der Glanz Gottes erschien und dass er sie »umstrahlte« (Lk 2, 9). Wo Gottes Herrlichkeit erscheint, da wird es hell in der Welt. »Gott ist Licht, und keine Finsternis ist in ihm«, sagt uns der heilige Johannes (1 Joh, 1,5). Licht ist Quelle von Leben.
Licht bedeutet aber vor allem Erkenntnis, bedeutet Wahrheit im Gegensatz zum Dunkel der Lüge und der Unwissenheit. So lässt Licht uns leben, zeigt uns den Weg. Licht bedeutet aber dann, weil es Wärme schenkt, auch Liebe. Wo Liebe ist, geht ein Licht auf in der Welt; wo Hass ist, ist die Welt finster. Ja, im Stall von Betlehem ist das große Licht erschienen, auf das die Welt wartet. In dem Kind, das da im Stall liegt, zeigt Gott seine Herrlichkeit – die Herrlichkeit der Liebe, die sich selbst verschenkt und die sich aller Größe begibt, um uns auf den Weg der Liebe zu führen. Das Licht von Betlehem ist nicht mehr erloschen. In allen Jahrhunderten hat es Menschen berührt, hat es sie umstrahlt. Wo der Glaube an dieses Kind aufging, da blühte auch die Caritas auf – die Güte für die anderen, das Zugehen auf die Schwachen, auf die

Leidenden; die Gnade des Verzeihens. Von Betlehem her zieht sich eine Lichtspur, eine Spur der Liebe und der Wahrheit durch die Jahrhunderte: Wenn wir auf die Heiligen hinschauen von Paulus über Augustinus hinauf zu Franz von Assisi und Dominikus, über Franz Xaver und Teresa von Ávila bis herauf zu Mutter Teresa – dann sehen wir diesen Strom der Güte, diesen Weg des Lichtes, der sich immer neu am Geheimnis von Betlehem entzündet, an dem Gott, der ein Kind geworden ist. Der Gewalt dieser Welt hält Gott seine Güte in diesem Kind entgegen und ruft uns auf, dem Kind zu folgen.
Zusammen mit dem Christbaum haben uns unsere Freunde aus Österreich auch eine kleine Flamme mitgebracht, die sie in Betlehem entzündet hatten, um uns zu sagen: Das eigentliche Geheimnis, um das es an Weihnachten geht, ist das innere Leuchten, das von diesem Kinde kommt. Lassen wir uns von diesem inneren Leuchten anstecken, das Flämmchen von Gottes Güte in unserem Herzen entzünden und tragen wir alle durch unsere Liebe Licht in die Welt; lassen wir dieses Licht nicht auslöschen durch die Zugluft der Zeit. Hüten wir es treulich und schenken wir es weiter. In dieser Nacht, in der wir auf Betlehem schauen, wollen wir aber auch ganz besonders für den Geburtsort des Erlösers beten und für die Menschen, die dort leben und leiden. Wir wollen beten um Frieden im

Heiligen Land: Herr, schau auf diesen Fleck Erde hin, der dir so lieb ist als deine menschliche Heimat. Lass dort dein Licht aufleuchten. Lass dort Friede werden.
Mit dem Wort Friede sind wir beim dritten Leitwort der Liturgie dieser Heiligen Nacht angelangt. Das Kind, das Jesaja voraussagt, wird von ihm Friedensfürst genannt. Von seiner Regierung wird gesagt: Der Friede wird ohne Ende sein. Den Hirten wird im Evangelium die Herrlichkeit Gottes in der Höhe angekündigt und der Friede auf Erden. Früher lasen wir: Friede den Menschen, die guten Willens sind; in der neuen Übersetzung heißt es: den Menschen seiner Gnade. Was bedeutet diese Änderung? Zählt der gute Wille nicht mehr? Oder fragen wir besser: Welche Menschen sind es, die Gottes Gnade erfahren, weil er sie liebt, und warum liebt er sie? Ist er parteilich? Liebt er nur Bestimmte und überlässt die anderen sich selber? Das Evangelium antwortet uns auf diese Frage, indem es uns Menschen zeigt, die von Gott geliebt sind. Da sind Einzelne – Maria, Josef, Elisabet, Zacharias, Simeon, Anna usw. Aber da sind auch zwei Gruppen von Menschen: die Hirten und die Weisen aus dem Morgenland. Bleiben wir in dieser Nacht bei den Hirten. Was sind das für Menschen? In ihrer Umwelt waren Hirten verachtet; sie galten als unzuverlässig und wurden als Zeugen bei Gericht nicht zugelassen. Aber was waren sie wirklich?

Gewiss keine großen Heiligen, wenn man darunter Menschen mit heroischer Tugend versteht. Es waren einfache Seelen. Das Evangelium lässt einen Zug aufscheinen, der dann in den Worten Jesu eine große Rolle spielen wird: Es sind wachende Menschen. Das gilt zunächst in dem äußeren Sinn, dass sie nachts bei ihren Schafen wachten. Aber es gilt in einem tieferen Sinn: Sie sind ansprechbar für Gott. Ihr Leben ist nicht in sich selbst geschlossen; ihr Herz steht offen. Irgendwie im Tiefsten warten sie auf ihn. Ihre Wachheit ist Bereitschaft – Bereitschaft zum Hören, Bereitschaft zum Aufbrechen; sie ist Warten auf das Licht, das uns den Weg zeigt. Darum geht es. Gott liebt alle, denn alle sind seine Geschöpfe. Aber manche Menschen haben ihre Seele zugemacht; seine Liebe findet keinen Eingang bei ihnen. Sie meinen, Gott nicht zu brauchen; sie wollen ihn nicht. Andere, die vielleicht auch in moralischer Hinsicht armselig und sündig sind, leiden doch darunter. Sie warten auf Gott. Sie wissen, dass sie seine Güte brauchen, auch wenn sie keine genaue Vorstellung davon haben. In ihre wartende Offenheit kann Gottes Licht hineintreten und mit ihm sein Friede. Gott sucht Menschen, die seinen Frieden weiter tragen. Bitten wir ihn, dass er unser Herz nicht verschlossen findet. Machen wir uns bereit, aktive Träger seines Friedens zu sein – gerade in dieser Zeit.

Unter den Christen hat das Wort Friede dann eine

ganz besondere Bedeutung angenommen: Es wurde ein Name für die heilige Eucharistie. In ihr ist sein Friede da. Durch all die Orte, in denen Eucharistie gefeiert wird, spannt er ein Netz des Friedens über die Welt. Die eucharistischen Gemeinden sind ein weltweites Königreich des Friedens.

Wenn wir Eucharistie feiern, sind wir in Betlehem, im »Haus des Brotes«. Christus gibt sich uns und gibt uns seinen Frieden. Er gibt ihn, damit wir das Licht des Friedens in uns tragen und es weitergeben; damit wir Friedensstifter werden und so zum Frieden in der Welt beitragen. So bitten wir ihn: Herr, mache deine Verheißung wahr. Lass Frieden werden, wo Unfrieden ist. Lass Liebe aufstehen, wo Hass ist. Lass Licht werden, wo Dunkel ist. Mache uns zu Trägern deines Friedens. Amen.

PREDIGT ZUM FEST DER GEBURT DES HERRN
24. Dezember 2006

Liebe Brüder und Schwestern!

Soeben haben wir im Evangelium das Wort gehört, das die Engel in der Heiligen Nacht zu den Hirten gesagt haben und das die Kirche uns nun zuruft: »Heute ist euch in der Stadt Davids der Retter geboren, Christus, der Herr. Und dies soll euch als Zeichen dienen: Ihr werdet ein Kind finden, das, in Windeln gewickelt, in einer Krippe liegt« (Lk 2, 11f). Nichts Wunderbares, nichts Außergewöhnliches und Großartiges wird den Hirten als Zeichen gegeben. Nur ein Kind werden sie sehen, das wie Menschenkinder der mütterlichen Fürsorge bedarf und in Windeln gewickelt ist; ein Kind, das im Stall geboren wurde und deshalb statt in einer Wiege in einer Futterkrippe liegt. Das Zeichen Gottes ist das Kind, in seiner Hilfsbedürftigkeit und Armut. Nur mit dem Herzen werden die Hirten sehen können, dass in diesem Kind die Verheißung des Propheten Jesaja wahr geworden ist, die wir in der ersten Lesung gehört haben: »Ein Kind ist uns geboren, ein Sohn ist uns geschenkt. Auf seinen Schultern ruht die Herrschaft« (Jes 9, 5). Auch uns ist kein

anderes Zeichen gegeben. Auch uns lädt der Engel Gottes durch die Botschaft des Evangeliums ein, uns mit dem Herzen auf den Weg zu machen und das Kind zu sehen, das in der Krippe liegt.
Gottes Zeichen ist das Einfache. Gottes Zeichen ist das Kind. Gottes Zeichen ist es, dass er sich für uns klein macht. Das ist die Weise, wie er herrscht. Er kommt nicht mit äußerer Macht und Größe. Er kommt als Kind – unbewehrt und unserer Hilfe bedürftig. Er will uns nicht mit Macht überwältigen. Er nimmt uns unsere Furcht vor seiner Größe. Er bittet um unsere Liebe: Darum wird er Kind. Nichts anderes will er von uns als unsere Liebe, durch die wir von selber lernen, in seine Gesinnungen, in sein Denken und Wollen einzutreten – mit ihm mitzulieben und mit ihm auch die Demut des Verzichts zu erlernen, die zum Wesen der Liebe gehört. Gott hat sich klein gemacht, damit wir ihn verstehen, ihn annehmen, ihn lieben können. Die Kirchenväter lasen in ihrer griechischen Übersetzung des Alten Testaments ein Wort des Propheten Jesaja, das dann auch Paulus zitiert, um zu zeigen, wie die neuen Wege Gottes im Alten Testament schon vorhergesagt waren. »Gott hat sein Wort kurz gemacht, es abgekürzt«, hieß es da (vgl. Jes 10, 23; Röm 9,28). Sie verstanden dies in einem doppelten Sinn. Der Sohn selbst ist das Wort, der Logos; das ewige Wort hat sich klein gemacht – so klein, dass es in eine Krippe passte. Es

hat sich zum Kind gemacht, damit uns das Wort fassbar werde. So lehrt er uns, die Kleinen zu lieben. So lehrt er uns, die Schwachen zu lieben. So lehrt er uns die Ehrfurcht vor den Kindern. Das Kind von Betlehem lenkt unseren Blick auf all die leidenden und missbrauchten Kinder in der Welt, die geborenen wie die ungeborenen. Auf die Kinder, die als Soldaten in eine Welt der Gewalt hineingeführt werden; auf die Kinder, die betteln müssen; auf die Kinder, die darben und hungern; auf die Kinder, die keine Liebe erfahren. In ihnen allen ruft das Kind von Betlehem uns an, ruft Gott uns an, der sich klein gemacht hat. Wir beten an diesem Tag darum, dass das Leuchten der Liebe Gottes all diese Kinder berühre, und wir bitten ihn darum, dass er uns helfe, das Unsrige zu tun, damit den Kindern ihre Würde wird; damit allen das Licht der Liebe aufgehe, das der Mensch noch mehr braucht als die materiellen Dinge, die zum Leben nötig sind.

Damit sind wir bei der zweiten Bedeutung angekommen, die die Väter in dem Satz gefunden haben: »Gott hat sein Wort kurz gemacht.« Das Wort, das Gott uns in den Büchern der Heiligen Schrift mitteilt, war lang geworden im Lauf der Zeit. Lang und unübersichtlich nicht für die einfachen, des Lesens unkundigen Menschen, sondern sogar noch mehr für die Schriftkenner, die Gelehrten, die sich zusehends in den Einzelheiten und ihren Problemen verfingen und den Blick aufs Ganze kaum noch finden konnten. Jesus hat das Wort »kurz gemacht« – uns seine tiefste Einfachheit und Einheit wieder gezeigt. Alles, was Gesetz und Propheten uns lehren, so sagt er uns, ist vereinigt in dem einen Wort: »Du sollst den Herrn, deinen Gott, lieben von ganzem Herzen, mit deiner ganzen Seele und mit all deinen Gedanken ... Du sollst den Nächsten lieben wie dich selbst« (Mt 22, 37 – 40). Das ist alles – der ganze Glaube ist bezogen auf diesen einen Gott und Menschen umfassenden Akt der Liebe. Aber sofort steigen wieder Fragen auf: Wie sollen wir Gott lieben mit unseren Gedanken, wenn wir ihn mit unserem Denken kaum finden können? Mit unserem Herzen und unserer Seele, wenn dieses Herz ihn nur von weitem ahnt und so viel Widersprüchliches wahrnimmt in der Welt, das uns sein Gesicht verhüllt? Da greifen nun die beiden Weisen ineinander, wie Gott sein Wort »kurz gemacht« hat. Er ist nicht mehr weit entfernt. Er ist nicht mehr unbekannt. Er ist für unser Herz nicht mehr unerreichbar. Er hat sich zum Kind gemacht für uns und damit alle Zweideutigkeiten verscheucht. Er hat sich zu unserem Nächsten gemacht und so auch das Bild des Menschen wiederhergestellt, der uns so oft gar nicht liebenswürdig erscheint. Gott hat sich für uns zum Geschenk gemacht. Sich selbst. Er nimmt sich Zeit für uns. Er, der Ewige, der oberhalb der

Zeit steht, hat Zeit angenommen, unsere Zeit zu sich hinaufgezogen. Weihnachten ist das Fest der Geschenke geworden, um Gott nachzuahmen, der sich uns selber geschenkt hat. Lassen wir unser Herz, unsere Seele, unsere Gedanken davon berühren. Vergessen wir über den vielen Geschenken, die wir kaufen und die wir empfangen, nicht das eigentliche Geschenk: einander etwas von uns selber zu schenken. Einander unsere Zeit zu schenken. Unsere Zeit für Gott zu öffnen. So löst sich die Hektik. So wird Freude, so wird Fest. Und denken wir bei den festlichen Mahlzeiten dieser Tage an das Wort des Herrn: Wenn du ein Mahl gibst, so lade nicht die ein, die dich wieder einladen, sondern lade die ein, die von niemanden eingeladen werden und die dich nicht einladen können (vgl. Lk 14, 12 – 14). Und das bedeutet doch auch: Wenn du an Weihnachten schenkst, schenke nicht nur denen, die dir wiederschenken, sondern schenke denen, denen niemand schenkt und die dir nichts dafür zurückgeben können. So hat es Gott selber gemacht: Er lädt uns zu seinem Hochzeitsmahl, für das wir nichts zu geben vermögen, das wir nur mit Freude empfangen können. Ahmen wir ihn nach. Lieben wir Gott und von ihm her den Menschen, um dann von den Menschen her wieder Gott neu zu entdecken.

So öffnet sich schließlich noch eine dritte Bedeutung des Satzes vom kurz und klein gewordenen

Wort. Den Hirten war gesagt worden, dass sie das Kind in einer Krippe finden würden, in dem Futtertrog für die Tiere, die die eigentlichen Bewohner des Stalles waren. Aus Jesaja (1, 3) haben die Väter herausgelesen, dass an der Krippe zu Betlehem Ochs und Esel standen. Aus dem Text des Propheten haben sie zugleich herausgelesen, dass damit Juden und Heiden versinnbildet seien – also die ganze Menschheit, die je auf ihre Weise des Heilands bedarf: des Gottes, der sich zum Kind gemacht hat. Der Mensch braucht zum Leben das Brot, die Frucht der Erde und seiner Arbeit. Aber er lebt nicht vom Brot allein. Er braucht Nahrung für seine Seele – er braucht Sinn, der sein Leben füllt. So ist den Vätern der Futtertrog der Tiere zum Sinnbild für den Altar geworden, auf dem das Brot liegt, das Christus selber ist: die wahre Nahrung unserer Herzen. Und noch einmal sehen wir, wie klein er sich gemacht hat: In der demütigen Gestalt der Hostie, eines Stückchens Brot, gibt er sich uns selbst.

Von alledem spricht das Zeichen, das den Hirten gegeben wurde und das uns gegeben wird: das Kind, das uns geschenkt wurde; das Kind, in dem Gott für uns klein geworden ist. Bitten wir den Herrn, dass er uns schenkt, in dieser Nacht mit der Einfalt der Hirten auf die Krippe zu schauen und so die Freude zu empfangen, mit der sie nach Hause gingen (vgl. Lk 2, 20). Bitten wir ihn, dass er uns die Demut und den Glauben schenkt, womit der heilige Josef auf das Kind hinschaute, das Maria vom Heiligen Geist empfangen hatte. Bitten wir, dass er uns schenkt, es mit der Liebe anzusehen, mit der Maria auf es hingeblickt hat. Und bitten wir, dass so das Licht, das die Hirten sahen, auch uns erleuchte und dass sich in aller Welt erfülle, was die Engel in der Heiligen Nacht gesungen haben: Ehre sei Gott in der Höhe und Friede den Menschen auf Erden, die eines guten Willens sind. Amen.

BOTSCHAFT BEIM SEGEN »URBI ET ORBI«
25. Dezember 2005

»Ich verkünde euch eine große Freude ... Heute ist euch in der Stadt Davids der Retter geboren; er ist der Messias, der Herr« (Lk 2, 10-11). Heute Nacht haben wir wieder die Worte des Engels an die Hirten gehört, und wir haben von neuem die Atmosphäre jener heiligen Nacht erlebt, der Nacht von Betlehem, als der Sohn Gottes Mensch geworden ist und mit seiner Geburt in einer armseligen Grotte seine Wohnstatt unter uns aufgeschlagen hat. An diesem feierlichen Tag hallt die Verkündigung des Engels nach und ist auch für uns Menschen des dritten Jahrtausends eine Einladung, den Retter aufzunehmen. Möge die heutige Menschheit nicht zögern, ihn in ihre Häuser, in die Städte, die Nationen und in jeden Winkel der Erde eintreten zu lassen! Sicher, im Laufe des eben zu Ende gegangenen Jahrtausends, vor allem in den letzten Jahrhunderten, sind auf technischem und wissenschaftlichem Gebiet sehr viele Fortschritte gemacht worden, und wir können über umfangreiche materielle Möglichkeiten verfügen. Der Mensch des technologischen Zeitalters ist jedoch in Gefahr, Opfer eben dieser Erfolge seiner Intelligenz und der Ergebnisse seiner Handlungsfähigkeit zu sein, wenn er sich auf eine geistliche Atrophie, auf eine Leere des Herzens zu bewegt. Darum ist es wichtig, dass er sich mit seinem Geist und seinem Herzen diesem Heilsereignis der Geburt Christi öffnet, das imstande ist, dem Leben eines jeden Menschen neue Hoffnung zu geben.

»Erwache, o Mensch; denn für dich ist Gott Mensch geworden!« (Augustinus, Reden, 185). Erwache, o Mensch des dritten Jahrtausends! Zu Weihnachten wird der Allmächtige ein Kind und bittet um Hilfe und Schutz. Seine Art, Gott zu sein, versetzt unsere Art, Mensch zu sein, in Krise; sein Anklopfen an unsere Türen fragt uns an, richtet sich an unsere Freiheit und fordert uns auf, unser Verhältnis und unsere Einstellung zum Leben zu überdenken. Die Neuzeit wird häufig dargestellt als ein Erwachen der Vernunft aus dem Schlaf, als das Ans-Licht-Kommen der Menschheit, die aus dunkler Zeit emporsteigt. Ohne Christus reicht jedoch das Licht der Vernunft nicht aus, um den Menschen und die Welt zu erleuchten. Darum klingt das Evangelienwort des Weihnachtstages: »Das wahre Licht, das jeden Menschen erleuchtet, kam in die Welt«, mehr denn je wie eine Verkündigung des Heils für alle. »Im Geheimnis des fleischgewordenen Wortes klärt sich das Geheimnis des Menschen wahrhaft auf« (vgl. Konstitution *Gaudium et spes*, 22). Unermüdlich wiederholt die Kirche diese Botschaft der Hoffnung, die das genau vor vierzig Jahren abge-

schlossene Zweite Vatikanische Konzil erneut bekräftigt hat.
Moderner Mensch, erwachsen und doch zuweilen kraftlos im Denken und im Wollen, lass dich vom Kind von Betlehem an die Hand nehmen, fürchte dich nicht, vertraue ihm! Die belebende Kraft seines Lichtes gibt dir Mut, dich für den Aufbau einer neuen Weltordnung einzusetzen, die auf gerechte ethische und wirtschaftliche Beziehungen gegründet ist. Seine Liebe lenkt die Völker und erleuchtet ihr gemeinsames Bewusstsein, eine «Familie« zu sein, die berufen ist, Beziehungen des Vertrauens und der gegenseitigen Unterstützung aufzubauen. Die geeinte Menschheit wird die vielen und besorgniserregenden aktuellen Probleme in Angriff nehmen können: von der terroristischen Bedrohung bis zu den Bedingungen beschämender Armut, unter denen Millionen von Menschen leben, von der Rüstungszunahme bis zu den Pandemien und der Umweltverschmutzung, die die Zukunft unseres Planeten bedroht.
Gott, der aus Liebe zum Menschen selbst Mensch geworden ist, stärke alle, die in Afrika für den Frieden und die vollständige Entwicklung arbeiten, indem sie Bruderkriege zu unterbinden suchen, damit sich die augenblicklich noch anfälligen politischen Übergangssituationen konsolidieren und die elementarsten Rechte derer gewahrt werden, die sich in tragischen humanitären Situationen be-

finden wie in Darfur und in anderen Regionen Zentralafrikas. Er bewege die Völker Lateinamerikas, in Frieden und Eintracht miteinander zu leben. Den Menschen guten Willens, die im Heiligen Land, im Irak und im Libanon wirken, flöße er Mut ein; dort fehlen zwar die Zeichen der Hoffnung nicht, warten aber auf Bestätigung durch ein von Aufrichtigkeit und Weisheit bestimmtes Verhalten. Er fördere die Prozesse des Dialogs auf der koreanischen Halbinsel und andernorts in den asiatischen Ländern, damit nach Überwindung gefährlicher Uneinigkeiten in freundschaftlichem Geist die von den Bevölkerungen sehnlich erwarteten angemessenen Friedensschlüsse erreicht werden können.

An Weihnachten öffnet sich unser Inneres der Hoffnung, wenn wir die göttliche Herrlichkeit betrachten, die in der Armut eines in Windeln gewickelten und in eine Krippe gelegten Kindes verborgen ist – der Schöpfer des Alls eingeschränkt in die Ohnmacht eines Neugeborenen! Dieses Paradox, das Paradox von Weihnachten anzunehmen, bedeutet die Wahrheit zu entdecken, die frei macht, die Liebe zu entdecken, die das Leben verwandelt. In der Nacht von Betlehem wird der Erlöser einer von uns, um auf den verfänglichen Wegen der Geschichte unser Begleiter zu sein. Ergreifen wir die Hand, die er uns entgegenstreckt: Es ist eine Hand, die uns nichts nehmen, sondern nur schenken will.

Gehen wir gemeinsam mit den Hirten in den Stall von Betlehem, wo uns der liebevolle Blick Marias, der stillen Zeugin der wunderbaren Geburt, empfängt. Sie helfe uns, ein gutes Weihnachten zu erleben; sie lehre uns, das Geheimnis Gottes, der für uns Mensch geworden ist, im Herzen zu bewahren; sie leite uns an, in der Welt seine Wahrheit, seine Liebe und seinen Frieden zu bezeugen.

BOTSCHAFT BEIM SEGEN »URBI ET ORBI«
25. Dezember 2006

»Salvator noster natus est in mundo«
(Missale Romanum)

»Heute ist uns der Heiland geboren!« Heute Nacht haben wir erneut in unseren Kirchen diese Botschaft vernommen, die trotz des Laufs der Jahrhunderte unverändert ihre Frische behält. Es ist eine himmlische Botschaft, die uns dazu einlädt, keine Furcht zu haben, da »eine große Freude, die dem ganzen Volk zuteil werden soll« (Lk 2, 10), aufgebrochen ist. Es ist eine Botschaft der Hoffnung, weil sie bekannt macht, dass in jener Nacht vor über zweitausend Jahren »in der Stadt Davids der Retter geboren wurde; er ist der Messias, der Herr« (Lk 2, 11). Damals erging diese Botschaft an die Hirten auf den Feldern und Hügeln von Betlehem; heute richtet sie der Engel von Weihnachten erneut an uns, allesamt Bewohner dieser unserer Welt: »Der Heiland ist geboren; er ist für euch geboren! Kommt, kommt, um ihn anzubeten!«
Aber hat ein »Heiland« noch Wert und Bedeutung für den Menschen des dritten Jahrtausends? Ist noch ein »Erlöser« für den Menschen notwendig, der den Mond und den Mars erreicht hat und sich

auf die Eroberung des Universums vorbereitet? Für den Menschen, der ohne Grenzen die Geheimnisse der Natur erforscht und sogar in der Lage ist, die wunderbaren Codes des menschlichen Genoms zu entschlüsseln? Braucht noch einen Erlöser der Mensch, der die interaktive Kommunikation erfunden hat, der im virtuellen Raum des Internets surft und der dank der modernsten und fortgeschrittensten Technologien der Massenmedien aus der Erde, diesem großen gemeinsamen Haus, schon ein kleines globales Dorf gemacht hat? Dieser Mensch des einundzwanzigsten Jahrhunderts tritt als souveräner und sich selbst genügender Schöpfer des eigenen Schicksals auf, als begeisterter Macher unbestrittener Erfolge.
So scheint es, aber so ist es nicht. Immer noch sterben Menschen an Hunger und Durst, an Krankheit und aus Armut in dieser Zeit des Überflusses und des maßlosen Konsumismus. Immer noch gibt es Menschen, die versklavt, ausgebeutet und in ihrer Würde verletzt werden; immer noch gibt es Menschen, die aufgrund von Rasse und Religion Opfer des Hasses werden und die durch Intoleranz und Diskriminierung, durch politische Einmischung und physische oder moralische Zwänge am freien Bekenntnis ihres Glaubens gehindert werden. Es gibt Menschen, die erleben müssen, wie sie selbst und ihre Lieben, insbesondere die Kinder, durch Waffen, durch Terrorismus und durch jede Art von

Gewalt gemartert werden in einer Zeit, in der alle den Fortschritt, die Solidarität und den Frieden für alle Menschen fordern und verkünden. Und was soll man von denen sagen, die keine Hoffnung haben und gezwungen sind, das eigene Haus und die eigene Heimat zu verlassen, um anderswo menschenwürdige Lebensbedingungen zu suchen? Was soll man tun, um denen zu helfen, die von leichtfertigen Glückspropheten getäuscht werden, die in brüchigen Beziehungen leben und nicht fähig sind, beständige Verantwortung für die eigene Gegenwart und die eigene Zukunft zu übernehmen, und so im Tunnel der Einsamkeit wandern und oft als Sklaven von Alkohol und Drogen enden? Was soll man von denen denken, die den Tod wählen in der Meinung, dabei dem Leben zu huldigen?

Wie könnte man überhören, dass eben aus dem Innersten dieser Menschheit, die sich freut und zugleich verzweifelt ist, ein qualvoller Hilfeschrei emporsteigt? Es ist Weihnachten: Heute kommt »das wahre Licht, das jeden Menschen erleuchtet« (Joh 1, 9), in die Welt. »Das Wort ist Fleisch geworden und hat unter uns gewohnt« (ebd., 1, 14), verkündet der Evangelist Johannes. Heute, ja heute, kommt Christus erneut »in sein Eigentum«, und denen, die ihn aufnehmen, gibt er »Macht, Kinder Gottes zu werden«; er bietet also die Chance, die Herrlichkeit Gottes zu sehen und die Freude der

Liebe zu teilen, die zu Betlehem für uns Fleisch geworden ist. Heute, auch heute, »ist uns der Heiland geboren«, denn er weiß, dass wir Ihn brauchen. Trotz aller Formen des Fortschritts ist der Mensch doch das geblieben, was er immer war: eine Freiheit, die zwischen Gut und Böse, zwischen Leben und Tod hin- und hergerissen ist. Und genau da, in seinem Inneren, in dem, was die Bibel das »Herz« nennt, muss er immer »erlöst« werden. Und in der heutigen postmodernen Zeit hat er vielleicht noch mehr einen Erlöser nötig, denn die Gesellschaft, in der er lebt, ist vielschichtiger und die Bedrohungen für seine persönliche und moralische Unversehrtheit sind heimtückischer geworden. Wer kann ihn da verteidigen, wenn nicht Er, der ihn so sehr liebt, daß Er am Kreuz Seinen eingeborenen Sohn als Erlöser der Welt hingegeben hat?
»Salvator noster«, Christus ist der Erlöser auch des Menschen von heute. Wer lässt diese Botschaft der Hoffnung auf glaubhafte Weise an allen Enden der Erde erklingen? Wer setzt sich dafür ein, dass das umfassende Wohl des Menschen, das die Bedingung des Friedens ist, in der Achtung der Würde eines jeden Mannes und einer jeden Frau anerkannt, geschützt und gefördert wird? Wer hilft zu verstehen, dass es mit gutem Willen, mit Vernunft und Mäßigung möglich ist, eine Verschärfung der Kontroversen zu verhindern und diese vielmehr

einer gerechten Lösung zuzuführen? Mit großer Sorge denke ich an diesem Festtag an den Nahen Osten, der von unzähligen und schweren Krisen und Konflikten betroffen ist. Ich hoffe, dass sich im Respekt der unveräußerlichen Rechte der Völker dieser Region Perspektiven für einen gerechten und dauerhaften Frieden eröffnen. In die Hände des göttlichen Kindes lege ich die Zeichen der Wiederaufnahme des Dialogs zwischen Israelis und Palästinensern, die wir in diesen Tagen vernehmen durften, und die Hoffnung auf weitere ermutigende Entwicklungen. Ich vertraue darauf, dass nach den vielen Opfern, Zerstörungen und Ungewissheiten der Libanon in demokratischer Ordnung fortlebt und vorankommt und im Dialog mit den Kulturen und Religionen für die anderen offen ist. Einen Appell richte ich an diejenigen, die das Schicksal des Irak in Händen haben, dass die grausame Gewalt, die das Land mit Blut überzieht, ein Ende nehme und einem jeden Bewohner ein normales Leben gewährleistet werde. Ich rufe zu Gott, damit die kämpfenden Parteien auf Sri Lanka dem tiefen Verlangen der Volksgruppen nach einer Zukunft in Brüderlichkeit und Solidarität Gehör schenken; dass in Darfur und überall in Afrika den bruderkriegsartigen Konflikten ein Ende gesetzt wird und die offenen Wunden im Fleisch jenes Kontinents schnell geheilt werden, dass sich die Prozesse der Versöhnung, der Demokratisierung

und der Entwicklung stabilisieren. Das göttliche Kind, der Fürst des Friedens, gebe, dass jene Spannungsherde ausgetilgt werden, die in anderen Teilen der Welt, in Europa und in Lateinamerika die Zukunft unsicher machen.
»Salvator noster«: das ist unsere Hoffnung; das ist die Botschaft, die die Kirche auch am heutigen Weihnachtsfest erklingen lässt. Mit der Menschwerdung, so sagt es das Zweite Vatikanische Konzil, hat sich der Sohn Gottes gewissermaßen mit jedem Menschen vereinigt (vgl. *Gaudium et spes*, 22). Weil die Geburt des Hauptes auch die Geburt des Leibes ist, wie der heilige Papst Leo der Große bemerkte, können wir daher sagen, dass zu Betlehem das Volk der Christen, der mystische Leib Christi, geboren wurde, in dem jedes Glied auf innige Weise und in einer umfassenden Solidarität mit dem anderen verbunden ist. Unser Heiland ist für alle geboren. Das sollen wir nicht nur mit unseren Worten, sondern auch mit unserem ganzen Leben verkünden. So legen wir vor der Welt Zeugnis von Gemeinschaften ab, die geeint und zugleich offen sind, in denen Brüderlichkeit und Vergebung, Aufnahmebereitschaft und gegenseitiger Dienst, Wahrheit, Gerechtigkeit und Liebe herrschen.
Eine Gemeinschaft, die von Christus erlöst ist: das ist das wahre Wesen der Kirche, die sich aus Seinem Wort und aus Seinem eucharistischen Leib

nährt. Nur wenn sie das Geschenk, das sie empfangen hat, als solches wiederentdeckt, kann die Kirche allen Menschen Christus, den Erlöser, bezeugen; das tut sie mit Begeisterung und Leidenschaft, in voller Achtung vor jeder kulturellen und religiösen Tradition; das tut sie mit Freude, da sie weiß, dass Er, den sie verkündet, nichts wegnimmt, was wirklich menschlich ist, sondern es zur Vollendung führt. In Wahrheit kommt Christus, um allein das Böse zu vernichten, allein die Sünde; das andere, alles andere erhebt Er und vervollkommnet Er. Christus erlöst uns nicht von unserem Menschsein, sondern durch das Menschsein, er erlöst uns nicht von der Welt, sondern er ist in die Welt gekommen, damit die Welt durch ihn gerettet wird (vgl. Joh 3, 17).
Liebe Brüder und Schwestern, wo immer ihr euch befindet, möge euch diese Botschaft der Freude und der Hoffnung erreichen: Gott ist in Jesus Christus Mensch geworden, er wurde von der Jungfrau Maria geboren und wird heute in der Kirche neu geboren. Er ist es, der allen die Liebe des himmlischen Vaters bringt. Er ist der Erlöser der Welt! Fürchtet euch nicht, öffnet Ihm euer Herz, nehmt Ihn auf, damit Sein Reich der Liebe und des Friedens das gemeinsame Erbe aller werde.

ANGELUS ZUM FEST DES HL. STEPHANUS
26. Dezember 2005

Ich sehe den Himmel offen

Stephanus aber, voll Gnade und Kraft, tat Wunder und große Zeichen unter dem Volk.
Doch einige von der so genannten Synagoge der Libertiner und Zyrenäer und Alexandriner und Leute aus Zilizien und der Provinz Asien erhoben sich, um mit Stephanus zu streiten;
aber sie konnten der Weisheit und dem Geist, mit dem er sprach, nicht widerstehen.
Als sie das hörten, waren sie aufs äußerste über ihn empört und knirschten mit den Zähnen.
Er aber, erfüllt vom Heiligen Geist, blickte zum Himmel empor, sah die Herrlichkeit Gottes und Jesus zur Rechten Gottes stehen
und rief: Ich sehe den Himmel offen und den Menschensohn zur Rechten Gottes stehen.
Da erhoben sie ein lautes Geschrei, hielten sich die Ohren zu, stürmten gemeinsam auf ihn los,
trieben ihn zur Stadt hinaus und steinigten ihn. Die Zeugen legten ihre Kleider zu Füßen eines jungen Mannes nieder, der Saulus hieß.
So steinigten sie Stephanus; er aber betete und rief: Herr Jesus, nimm meinen Geist auf!

Dann sank er in die Knie und schrie laut: Herr, rechne ihnen diese Sünde nicht an! Nach diesen Worten starb er.

Apg 6,8-10; 7,54-60

Nicht ihr werdet dann reden, sondern der Geist eures Vaters wird durch euch reden

Nehmt euch aber vor den Menschen in Acht! Denn sie werden euch vor die Gerichte bringen und in ihren Synagogen auspeitschen.
Ihr werdet um meinetwillen vor Statthalter und Könige geführt, damit ihr vor ihnen und den Heiden Zeugnis ablegt.
Wenn man euch vor Gericht stellt, macht euch keine Sorgen, wie und was ihr reden sollt; denn es wird euch in jener Stunde eingegeben, was ihr sagen sollt.
Nicht ihr werdet dann reden, sondern der Geist eures Vaters wird durch euch reden.
Brüder werden einander dem Tod ausliefern und Väter ihre Kinder, und die Kinder werden sich gegen ihre Eltern auflehnen und sie in den Tod schicken.
Und ihr werdet um meines Namens willen von allen gehasst werden; wer aber bis zum Ende standhaft bleibt, der wird gerettet.

Mt 10,17-22

Liebe Brüder und Schwestern!

Nachdem wir gestern die Geburt Christi festlich begangen haben, gedenken wir heute der »Geburt zum Himmel« des hl. Stephanus, des ersten Märtyrers. Es besteht eine besondere Verbindung zwischen diesen beiden Festtagen, die in den folgenden Worten aus der Ambrosianischen Liturgie gut zusammengefasst ist: »Gestern wurde der Herr auf Erden geboren, damit Stephanus zum Himmel geboren würde« (bei der Brotbrechung). Wie Jesus sich am Kreuz dem Vater vollständig hingegeben und seinen Peinigern vergeben hat, so betet auch Stephanus in seiner Todesstunde und sagt: »Herr Jesus, nimm meinen Geist auf!« und »Herr, rechne ihnen diese Sünde nicht an!« (vgl. Apg 7,59–60). Stephanus ist ein echter Jünger Jesu und handelt genauso wie er. Mit ihm beginnt jene lange Reihe von Märtyrern, die ihren Glauben mit dem Opfer des Lebens besiegelten und durch ihr heldenhaftes Zeugnis verkündeten, dass Gott Mensch wurde, um den Menschen das Himmelreich zu öffnen.

In der frohen Weihnachtsatmosphäre darf der Verweis auf das Martyrium des hl. Stephanus nicht als unangebracht erscheinen. Tatsächlich fällt der Schatten des Kreuzes schon auf die Krippe von Betlehem. Das Kreuz kündigt sich an in der Armut des Stalls, in dem das Kind weint, in der Weissagung Simeons über das Zeichen des Widerspruchs und über das Schwert, das der Muttergottes durch die Seele dringen sollte, und die Verfolgung durch Herodes, die die Flucht nach Ägypten notwendig machen wird. Es darf nicht verwundern, dass eines Tages dieses Kind, nunmehr erwachsen, seine Jünger auffordert, ihm auf dem Weg des Kreuzes mit vollkommenem Vertrauen und ganzer Treue zu folgen. Von seinem Beispiel angezogen und von seiner Liebe gestützt, werden viele Christen schon in der Anfangszeit der Kirche ihren Glauben mit dem Tod bezeugen. Den ersten Märtyrern werden im Laufe der Jahrhunderte und bis zum heutigen Tag viele weitere folgen. Wie sollte man verkennen, dass auch in dieser unserer Zeit in vielen Teilen der Welt das Bekenntnis des christlichen Glaubens das Heldentum der Märtyrer erfordert? Und wie sollte man verschweigen, dass man für ein konsequentes Leben nach dem Evangelium überall, also auch dort, wo es keine Verfolgung gibt, einen hohen Preis zahlen muss?

Während wir das göttliche Kind in den Armen Mariens betrachten und auf das Vorbild des hl. Stephanus schauen, bitten wir Gott um die Gnade, unseren Glauben konsequent zu leben, stets bereit, allen Rede und Antwort zu stehen, die nach der Hoffnung fragen, die uns erfüllt (vgl. 1 Petr 3,15).

Heute gedenkt die Kirche ihres ersten Märtyrers, des Diakons Stephanus. Dieser Heilige sagt uns: In

Jesus Christus hat Gott uns Menschen alles – das Heil selbst! – geschenkt. Schenken wir dem Herrn unser Herz! In seiner Kraft werden wir zu Boten seiner erlösenden Liebe, im Leben und im Tode.

ANGELUS ZUM FEST DES HL. STEPHANUS
26. Dezember 2006

Liebe Brüder und Schwestern!

Am Tag unmittelbar nach dem Hochfest der Geburt des Herrn feiern wir heute das Fest des heiligen Diakons Stephanus, des ersten Märtyrers. Auf den ersten Blick könnte das Nebeneinanderstellen der Erinnerung an den Protomärtyrer und der Geburt des Erlösers Verwunderung hervorrufen, denn der Gegensatz zwischen dem Frieden und der Freude von Betlehem und dem Drama des Stephanus, der in Jerusalem in der ersten Verfolgung der entstehenden Kirche gesteinigt wurde, fällt ins Auge. In Wirklichkeit jedoch wird der scheinbare Widerspruch überwunden, wenn wir das Weihnachtsgeheimnis mehr in der Tiefe betrachten. Das Jesuskind, das in der Grotte liegt, ist der eingeborene und menschgewordene Sohn Gottes. Durch seinen Tod am Kreuz wird er die Menschheit retten. Jetzt sehen wir ihn, in Windeln gewickelt, in einer Krippe liegen; nach seiner Kreuzigung wird er erneut mit Leinenbinden umwickelt und in ein Grab gelegt werden. Es ist kein Zufall, dass die weihnachtliche Ikonographie den göttlichen Neugeborenen zuweilen in einen kleinen Sarkophag gebettet darstellte, um anzuzeigen, dass der Erlöser geboren wird, um zu sterben; er wird geboren, um sein Leben als Lösegeld für alle Menschen hinzugeben.

Der hl. Stephanus war der erste, der Christus durch das Martyrium nachfolgte. Er starb, wie der göttliche Meister, indem er seinen Mördern vergab und für sie betete (vgl. Apg 7,60). In den ersten vier Jahrhunderten des Christentums waren alle von der Kirche verehrten Heiligen Märtyrer. Sie sind eine unzählbare Schar, die von der Liturgie als »der Märtyrer strahlendes Heer – martyrum candidatus exercitus« bezeichnet wird. Ihr Tod flößte nicht Angst und Traurigkeit ein, sondern geistlichen Enthusiasmus, der die Zahl der Christen immer weiter wachsen ließ. Für die Gläubigen ist der Tag des Todes, und noch mehr der Tag des Martyriums, keineswegs das Ende von allem, sondern vielmehr der »Übergang« zum unsterblichen Leben, es ist der Tag der endgültigen Geburt, auf Lateinisch »dies natalis«. So versteht man die Verbindung, die zwischen dem »dies natalis« Christi und dem »dies natalis« des hl. Stephanus besteht. Wenn Jesus nicht auf Erden geboren wäre, hätten die Menschen nicht dem Himmel geboren werden können. Gerade weil Christus geboren wurde, können wir »von neuem geboren werden«!

Maria, die den Erlöser in Betlehem in ihren Armen trug, erlitt ebenfalls ein innerliches Martyrium.

Sie teilte sein Leiden und musste ihn nach der Abnahme vom Kreuz noch einmal in ihre Arme schließen. Dieser Mutter, die die Freude der Geburt und den großen Schmerz des Todes ihres göttlichen Sohnes erfuhr, vertrauen wir all diejenigen an, die verfolgt werden und auf verschiedene Weise dafür leiden müssen, dass sie das Evangelium bezeugen und ihm dienen. Mit besonderer geistlicher Nähe denke ich auch an jene Katholiken, die dem Stuhl Petri ohne Kompromisse treu bleiben und dafür manchmal sogar großes Leid in Kauf nehmen. Die ganze Kirche bewundert ihr Beispiel und betet dafür, dass sie die Kraft haben standzuhalten, in dem Wissen, dass ihre Bedrängnisse Quelle des Sieges sind, auch wenn sie im Augenblick als Niederlage erscheinen mögen.
Euch allen noch einmal frohe Weihnachten!
Das Beispiel des hl. Stephanus stärke uns auf unserem Lebensweg, damit auch wir Christus, den menschgewordenen Gottessohn, standhaft bezeugen und seine grenzenlose Liebe allen Menschen verkünden.

GENERALAUDIENZ
27. Dezember 2006

Liebe Brüder und Schwestern!

Die heutige Begegnung findet in weihnachtlicher Atmosphäre statt, die erfüllt ist von tiefer Freude über die Geburt des Herrn. Wir haben gerade – vorgestern – dieses Geheimnis gefeiert, dessen Nachklang die Liturgie dieser Tage durchzieht. Es ist ein Geheimnis des Lichtes, das die Menschen aller Zeiten im Glauben neu erleben können. In unseren Herzen hören wir die Worte des Evangelisten Johannes, dessen Fest wir heute feiern: »Et Verbum caro factum est – Und das Wort ist Fleisch geworden und hat unter uns gewohnt« (Joh 1,14). An Weihnachten also ist Gott gekommen, um unter uns zu wohnen; er ist für uns gekommen, um bei uns zu bleiben. Eine Frage durchzieht diese 2000 Jahre christlicher Geschichte: »Aber warum hat er es getan, warum ist Gott Mensch geworden?«
Bei der Suche nach einer Antwort auf diese Frage hilft uns der Gesang, den die Engel an der Grotte von Betlehem anstimmten: »Ehre sei Gott in der Höhe und Friede auf Erden den Menschen seiner Gnade« (Lk 2,14). Der Gesang der Heiligen Nacht, der in das Gloria eingegangen ist, gehört inzwi-

schen zur Liturgie, ebenso wie die anderen drei Cantica des Neuen Testaments, die Bezug nehmen auf die Geburt und auf die Kindheit Jesu: das Benedictus, das Magnificat und das Nunc dimittis. Während diese in die morgendliche Laudes, in das abendliche Vespergebet und in das Nachtgebet der Komplet eingefügt sind, hat das Gloria seinen Platz innerhalb der heiligen Messe gefunden. Den Worten der Engel wurden seit dem 2. Jahrhundert einige Anrufungen hinzugefügt: »Wir loben dich, wir preisen dich, wir beten dich an, wir rühmen dich und danken dir, denn groß ist deine Herrlichkeit« und später noch weitere: »Herr und Gott, Lamm Gottes, Sohn des Vaters, du nimmst hinweg die Sünde der Welt ...«, bis sich ein großer Lobgesang herausgebildet hatte, der zum ersten Mal in der Weihnachtsmesse und dann an allen Festtagen gesungen wurde. Das Gloria wurde am Beginn der Eucharistiefeier eingefügt und soll die Kontinuität unterstreichen, die zwischen der Geburt und dem Tod Christi besteht, zwischen Weihnachten und Ostern, die nicht voneinander trennbare Aspekte ein- und desselben Heilsgeheimnisses sind.

Das Evangelium berichtet, dass das große himmlische Heer der Engel sang: »Ehre sei Gott in der Höhe und Friede auf Erden den Menschen seiner Gnade.« Die Engel verkünden den Hirten, dass die Geburt Jesu Ehre »ist« für Gott in der Höhe, und dass sie Friede auf Erden »ist« für die Menschen

seiner Gnade. Zu Recht besteht daher der Brauch, zur Verdeutlichung des Weihnachtsgeheimnisses, das in der Krippe seine Erfüllung fand, diese Worte der Engel an der Grotte anzubringen. Das Wort »Ehre« (doxa) zeigt den Glanz Gottes an, der das dankbare Lob der Geschöpfe hervorruft. Der hl. Paulus wird von der »Erkenntnis des göttlichen Glanzes auf dem Antlitz Christi« sprechen (2 Kor 4,6). »Friede« (eirene) fasst die Fülle der messianischen Gaben zusammen, die Erlösung also, die, wie ebenfalls der Apostel Paulus sagt, mit Christus selbst identifiziert wird: »Denn er ist unser Friede« (Eph 2,14). Schließlich gibt es noch den Hinweis auf die Menschen »seiner Gnade«. Im allgemeinen Sprachgebrauch lässt »Gnade« oder »guter Wille« (eudokia) an den »guten Willen« der Menschen denken, hier jedoch ist damit das »gute Wollen« Gottes gegenüber den Menschen gemeint, das keine Grenzen kennt. Denn das ist die Weihnachtsbotschaft: Durch die Geburt Jesu hat Gott sein gutes Wollen gegenüber allen offenbart.
Kehren wir zur Frage »Warum ist Gott Mensch geworden?« zurück. Der hl. Irenäus schreibt: »Das Wort ist zum Nutzen der Menschen Austeiler der Gnadengaben geworden, die der Vater schenkt ... Die Herrlichkeit Gottes ist der lebende Mensch – vivens homo –, das Leben des Menschen die Gottesschau« (Adv. Haer. 20,7). Gottes Ruhm offenbart sich also in der Erlösung des Menschen, den Gott

– wie der Evangelist Johannes sagt – so sehr geliebt hat, »dass er seinen einzigen Sohn hingab, damit jeder, der an ihn glaubt, nicht zugrunde geht, sondern das ewige Leben hat« (Joh 3,16). Denn die Liebe ist der letzte Grund der Menschwerdung Christi. Vielsagend ist diesbezüglich die Reflexion des Theologen Hans Urs von Balthasar, der schrieb, dass Gott nicht in erster Linie absolute Macht ist, sondern absolute Liebe, deren Hoheit sich nicht darin offenbart, dass sie das, was ihr gehört, für sich behält, sondern in ihrer Hingabe (vgl. Theologie der drei Tage I,4). Der Gott, den wir in der Krippe betrachten, ist der Gott, der Liebe ist.

So klingt die Verkündigung der Engel für uns auch wie eine Einladung: Ehre »sei« Gott in der Höhe, Friede auf Erden »sei« den Menschen seiner Gnade. Die einzige Art und Weise, Gott zu verherrlichen und den Frieden in der Welt aufzubauen, besteht in der demütigen und vertrauensvollen Annahme der Weihnachtsgabe: der Liebe. Der Gesang der Engel kann so zu einem Gebet werden, das oft wiederholt werden muss, und nicht nur jetzt in der Weihnachtszeit. Ein Lobgesang für Gott in der Höhe und eine inständige Bitte um Frieden auf Erden, die zum konkreten Einsatz werden soll, diesen mit unserem Leben aufzubauen: Das ist die Aufgabe, die das Weihnachtsfest uns anvertraut.

Diese Generalaudienz steht ganz im Zeichen von Weihnachten, das wir vorgestern gefeiert haben.

Heute begehen wir zudem das Fest des Apostels und Evangelisten Johannes, der die Menschwerdung des Gottessohnes in wenigen dichten Worten zusammenfasst: »Das Wort ist Fleisch geworden und hat unter uns gewohnt« (Joh 1, 14).
Was bedeutet dieses große Geheimnis unseres Glaubens? Warum ist Gott Mensch geworden? Der Gesang der Engel in Betlehem hilft uns, auf diese Fragen zu antworten: »Ehre sei Gott in der Höhe und Friede auf Erden den Menschen seiner Gnade« (Lk 2, 14). Die Geburt Christi ist zugleich Verherrlichung Gottes und Friede für die Menschen. Der Friede steht für die Fülle aller messianischen Gaben, für das Heil, das Christus selbst ist. Der heilige Irenäus schreibt dazu: »Das Wort ist zum Nutzen der Menschen Austeiler der Gnadengaben geworden, die der Vater schenkt ... Die Herrlichkeit Gottes ist der lebendige Mensch; das Leben des Menschen die Gottesschau« (Adv. Haer. IV, 20, 5.7). Gottes Herrlichkeit offenbart sich im Heil des Menschen, für den der Vater seinen Sohn hingibt. Der tiefste Grund der Menschwerdung ist also die Liebe Gottes, der uns die Erlösung schenken will.
Einen frohen weihnachtlichen Gruß richte ich an die Pilger aus den Ländern deutscher Sprache und aus Belgien. Wir alle sind eingeladen, mit unserem Lobpreis und mit unserem Leben in die Frohbotschaft der Engel von Betlehem einzustimmen. Nehmen wir den Frieden Christi in uns auf, damit

in uns und durch uns die Liebe Gottes sichtbar werde.

ANGELUS
31. Dezember 2006

Der Herr hat den Kindern befohlen, ihren Vater zu ehren und das Recht ihrer Mutter zu achten

Denn der Herr hat den Kindern befohlen, ihren Vater zu ehren, und die Söhne verpflichtet, das Recht ihrer Mutter zu achten.
Wer den Vater ehrt,
erlangt Verzeihung der Sünden,
und wer seine Mutter achtet,
gleicht einem Menschen, der Schätze sammelt.
Wer den Vater ehrt, wird Freude haben an den eigenen Kindern, und wenn er betet, wird er Erhörung finden.
Wer den Vater achtet, wird lange leben, und wer seiner Mutter Ehre erweist, der erweist sie dem Herrn.
Mein Sohn, wenn dein Vater alt ist, nimm dich seiner an und betrübe ihn nicht, solange er lebt.
Wenn sein Verstand abnimmt, sieh es ihm nach und beschäme ihn nicht in deiner Vollkraft!
Denn die Liebe zum Vater wird nicht vergessen, sie wird als Sühne für deine Sünden eingetragen.

Sir 3,2-6.12-14 (3-7.14-17a)

Die Liebe ist das Band, das alles zusammenhält

Ihr seid von Gott geliebt, seid seine auserwählten Heiligen. Darum bekleidet euch mit aufrichtigem Erbarmen, mit Güte, Demut, Milde, Geduld!
Ertragt euch gegenseitig und vergebt einander, wenn einer dem andern etwas vorzuwerfen hat. Wie der Herr euch vergeben hat, so vergebt auch ihr!
Vor allem aber liebt einander, denn die Liebe ist das Band, das alles zusammenhält und vollkommen macht. In eurem Herzen herrsche der Friede Christi; dazu seid ihr berufen als Glieder des einen Leibes. Seid dankbar!
Das Wort Christi wohne mit seinem ganzen Reichtum bei euch. Belehrt und ermahnt einander in aller Weisheit! Singt Gott in eurem Herzen Psalmen, Hymnen und Lieder, wie sie der Geist eingibt, denn ihr seid in Gottes Gnade. Alles, was ihr in Worten und Werken tut, geschehe im Namen Jesu, des Herrn. Durch ihn dankt Gott, dem Vater!
Ihr Frauen, ordnet euch euren Männern unter, wie es sich im Herrn geziemt.
Ihr Männer, liebt eure Frauen und seid nicht aufgebracht gegen sie!
Ihr Kinder, gehorcht euren Eltern in allem; denn so ist es gut und recht im Herrn.
Ihr Väter, schüchtert eure Kinder nicht ein, damit sie nicht mutlos werden.

Kol 3,12-21

Sie fanden Jesus im Tempel; er saß mitten unter den Lehrern

Die Eltern Jesu gingen jedes Jahr zum Paschafest nach Jerusalem.
Als er zwölf Jahre alt geworden war, zogen sie wieder hinauf, wie es dem Festbrauch entsprach.
Nachdem die Festtage zu Ende waren, machten sie sich auf den Heimweg. Der junge Jesus aber blieb in Jerusalem, ohne dass seine Eltern es merkten.
Sie meinten, er sei irgendwo in der Pilgergruppe, und reisten eine Tagesstrecke weit; dann suchten sie ihn bei den Verwandten und Bekannten.
Als sie ihn nicht fanden, kehrten sie nach Jerusalem zurück und suchten ihn dort.
Nach drei Tagen fanden sie ihn im Tempel; er saß mitten unter den Lehrern, hörte ihnen zu und stellte Fragen.
Alle, die ihn hörten, waren erstaunt über sein Verständnis und über seine Antworten.
Als seine Eltern ihn sahen, waren sie sehr betroffen, und seine Mutter sagte zu ihm: Kind, wie konntest du uns das antun? Dein Vater und ich haben dich voll Angst gesucht.
Da sagte er zu ihnen: Warum habt ihr mich gesucht? Wusstet ihr nicht, dass ich in dem sein muss, was meinem Vater gehört?
Doch sie verstanden nicht, was er damit sagen wollte.

Dann kehrte er mit ihnen nach Nazaret zurück und war ihnen gehorsam. Seine Mutter bewahrte alles, was geschehen war, in ihrem Herzen.
Jesus aber wuchs heran, und seine Weisheit nahm zu, und er fand Gefallen bei Gott und den Menschen.

Lk 2,41-52

Liebe Brüder und Schwestern!

An diesem letzten Sonntag des Jahres feiern wir das Fest der Heiligen Familie von Nazaret. Mit Freude richte ich einen Gruß an alle Familien der Welt und wünsche ihnen den Frieden und die Liebe, die Jesus uns an Weihnachten durch sein Kommen unter uns geschenkt hat. Im Evangelium finden wir keine Reden über die Familie, sondern ein Ereignis, das mehr wert ist als alle Worte: Gott wollte in einer menschlichen Familie geboren werden und aufwachsen. Dadurch hat er sie geheiligt als ersten und normalen Weg der Begegnung mit der Menschheit. Während seines Lebens in Nazaret hat Jesus die Jungfrau Maria und den gerechten Josef geehrt und war ihnen in der ganzen Zeit seiner Kindheit und Jugend gehorsam (vgl. Lk 2,51–52). Auf diese Weise hat er den wesentlichen Wert der Familie für die Erziehung der menschli-

chen Person hervorgehoben. Von Maria und Josef wurde er durch den Besuch der Synagoge von Nazaret in die religiöse Gemeinschaft eingeführt. Mit ihnen hat er gelernt, die Wallfahrt nach Jerusalem zu machen, wie der Abschnitt des Evangeliums berichtet, den die heutige Liturgie unserer Betrachtung unterbreitet. Als er zwölf Jahre alt war, blieb er im Tempel, und seine Eltern brauchten drei Tage, um ihn wiederzufinden. Mit dieser Geste gab er ihnen zu verstehen, dass er »in dem sein muss, was seinem Vater gehört«, das heißt dass er sich der Sendung widmen muss, die Gott ihm anvertraut hat (vgl. Lk 2,41–52).
Diese Begebenheit aus dem Evangelium offenbart die wahrste und tiefste Berufung der Familie: nämlich die Berufung, jedes Mitglied auf dem Weg der Entdeckung Gottes und des Planes, den er für ihn vorgesehen hat, zu begleiten. Maria und Josef haben Jesus vor allem durch ihr Beispiel erzogen: in seinen Eltern hat er die ganze Schönheit des Glaubens, der Liebe zu Gott und seinem Gesetz kennen gelernt wie auch die Anforderungen der Gerechtigkeit, die ihre volle Erfüllung in der Liebe findet (vgl. Röm 13,10). Von ihnen hat er gelernt, dass man zuallererst den Willen Gottes tun muss und dass die geistlichen Bande wertvoller sind als die Bande des Blutes. Die Heilige Familie von Nazaret ist in der Tat das »Urbild« jeder christlichen Familie, die im Sakrament der Ehe vereint und vom

Wort und von der Eucharistie genährt, dazu gerufen ist, die wundervolle Berufung und Sendung zu verwirklichen, lebendige Zelle nicht nur der Gesellschaft zu sein, sondern der Kirche, Zeichen und Werkzeug der Einheit für das ganze Menschengeschlecht.
Bitten wir nun gemeinsam um den Schutz der allerseligsten Jungfrau Maria und des hl. Josef für jede Familie, besonders für die Familien in Schwierigkeiten. Von ihnen unterstützt, mögen sie den zerstörenden Tendenzen einer bestimmten zeitgenössischen Kultur zu widerstehen wissen, welche die Grundlagen der Institution der Familie bedroht. Sie mögen den christlichen Familien helfen, in der ganzen Welt ein lebendiges Bild der Liebe Gottes zu sein.
In dankbarer Rückschau auf Gottes Güte grüße ich euch, liebe Pilger und Besucher deutscher Sprache, an diesem letzten Tag des Jahres. Die Kirche feiert heute auch das Fest der Heiligen Familie. Mögen euch Jesus, Maria und Josef, die hier in der Krippe auf dem Petersplatz so schön dargestellt sind, ein Unterpfand der treuen Fürsorge Gottes sein und euch ermutigen, einander stets mit Wohlwollen, Zuneigung und christlicher Liebe zu begegnen.

PREDIGT IM JAHRESSCHLUSSGOTTESDIENST IM PETERSDOM MIT TE DEUM
31. Dezember 2005

Liebe Brüder und Schwestern!

Am Ende eines Jahres, das für die Kirche und die Welt außergewöhnlich ereignisreich gewesen ist, haben wir uns an diesem Abend versammelt, um eingedenk der Weisung des Apostels Paulus: »Lebt ... und haltet an dem Glauben fest ... Hört nicht auf zu danken!« (Kol 2,6–7) gemeinsam Gott, dem Herrn der Zeit und der Geschichte, einen Dankeshymnus zu singen. Meine Gedanken gehen mit tiefer geistiger Ergriffenheit zurück zu dem Abend vor zwölf Monaten, als der geliebte Papst Johannes Paul II., wie wir heute, zum letzten Mal im Namen des Gottesvolkes dem Herrn für die zahlreichen, der Kirche und der Menschheit gewährten Wohltaten dankte. In demselben eindrucksvollen Rahmen der Vatikanischen Basilika fällt es nun mir zu, den Lobpreis und das Danklied, die am Ende des Jahres 2005 und am Vorabend des Jahres 2006 aus allen Teilen der Erde zu Gott aufsteigen, gedanklich aufzunehmen. Ja, es ist außer einem Bedürfnis des Herzens auch unsere Pflicht, Ihn zu loben und Ihm zu danken, dem Ewigen, der uns in der Zeit

begleitet, ohne uns je zu verlassen, und der stets mit treuer und barmherziger Liebe über die Menschheit wacht.
Wir können wohl sagen, dass die Kirche lebt, um Gott zu loben und Ihm zu danken. Sie selbst ist eine »Danksagung«, durch alle Jahrhunderte hindurch die treue Zeugin einer Liebe, die nie vergeht, einer Liebe, die die Menschen aller Hautfarben und Kulturen einschließt und in fruchtbringender Weise Grundsätze des wahren Lebens unter ihnen verbreitet. Wie das Zweite Vatikanische Konzil in Erinnerung ruft, »betet und arbeitet die Kirche zugleich, dass die Fülle der ganzen Welt in das Volk Gottes eingehe, in den Leib des Herrn und den Tempel des Heiligen Geistes, und dass in Christus, dem Haupte aller, jegliche Ehre und Herrlichkeit dem Schöpfer und Vater des Alls gegeben werde« (Lumen gentium, 17). Getragen vom Heiligen Geist, schreitet sie »zwischen den Verfolgungen der Welt und den Tröstungen Gottes auf ihrem Pilgerweg dahin« (Augustinus, De Civitate Dei, XVIII, 51,2) und erhält ihre Kraft aus der Hilfe des Herrn. Auf diese Weise besiegt sie »ihre Trübsale und Mühen, innere gleichermaßen wie äußere, durch Geduld und Liebe« und enthüllt das Mysterium des Herrn »wenn auch schattenhaft, so doch getreu in der Welt..., bis es am Ende im vollen Lichte offenbar werden wird« (Lumen gentium, 8). Die Kirche lebt aus Christus und mit Christus. Er schenkt ihr seine

bräutliche Liebe und führt sie durch die Jahrhunderte; und sie begleitet mit der Fülle ihrer Gaben den Weg des Menschen, damit diejenigen, die Christus annehmen, das Leben haben und es in Fülle haben.

Heute Abend mache ich mich vor allem zur Stimme der Kirche von Rom, um den gemeinsamen Lobpreis und das gemeinsame Danklied zum Himmel zu erheben. Sie, unsere Kirche von Rom, wurde in den vergangenen zwölf Monaten von vielen anderen Kirchen und kirchlichen Gemeinschaften besucht, um den Dialog der Wahrheit in der Liebe, die alle Getauften vereint, zu vertiefen und um gemeinsam den Wunsch nach voller Gemeinschaft intensiver zu verspüren. Aber auch viele Gläubige anderer Religionen wollten dieser Kirche und ihrem Bischof ihre herzliche und brüderliche Wertschätzung bekunden, im Bewusstsein der Tatsache, dass die Begegnung in Frieden und gegenseitiger Achtung die Seele des einträchtigen Handelns zum Nutzen der gesamten Menschheit ist. Und was ist über die vielen Menschen guten Willens zu sagen, die ihren Blick dem Apostolischen Stuhl zugewandt haben, um einen fruchtbaren Dialog zu führen über die großen Werte, die die Wahrheit über den Menschen und das Leben betreffen und die verteidigt und gefördert werden müssen? Die Kirche will immer Aufnahme schenken, in der Wahrheit und in der Liebe.

Was den Weg der Diözese Rom betrifft, so möchte ich mich kurz ihren Pastoralplänen widmen, die sich in diesem Jahr auf die Familie konzentrieren und unter dem Thema »Familie und christliche Gemeinschaft: Bildung der Person und Weitergabe des Glaubens« stehen. Die Familie befand sich immer im Mittelpunkt der Aufmerksamkeit meiner verehrten Vorgänger, besonders Johannes Pauls II., der ihr zahlreiche Beiträge gewidmet hat. Er war der Überzeugung, und er hat dies bei mehreren Gelegenheiten nachdrücklich bekräftigt, dass die Krise der Familie unserer Zivilisation großen Schaden zufügt. Auch ich habe dazu beitragen wollen, die Bedeutung der Familie auf der Grundlage der Ehe im kirchlichen und gesellschaftlichen Leben zu unterstreichen, und habe deshalb am Abend des vergangenen 6. Juni auf der Diözesankonferenz in der Lateranbasilika das Wort ergriffen. Ich freue mich, dass die Pastoralpläne der Diözese durch die weit reichende apostolische Arbeit, die in den Pfarrgemeinden und den zu ihnen gehörenden kirchlichen Einrichtungen durchgeführt wird, gute Fortschritte machen. Möge der Herr gewähren, dass die gemeinschaftlich unternommenen Anstrengungen zu einer wirklichen Erneuerung der christlichen Familien führen. Ich nehme an dieser Stelle die Gelegenheit wahr, die kirchlichen und die zivilen Vertreter von Rom zu grüßen, die bei dieser Jahresschlussfeier anwesend sind. Ich grüße in erster Linie den Kardinalvikar, die Weihbischöfe, die Priester, die Ordensleute und die Laien, die aus verschiedenen Pfarrgemeinden zusammengekommen sind; ich grüße darüber hinaus den Bürgermeister der Stadt und die anderen Obrigkeiten. Ich schließe in diesen Gruß die ganze römische Gemeinde ein, deren Hirte zu sein der Herr mich berufen hat, und ich erneuere allen den Ausdruck meiner geistlichen Nähe.

Zu Beginn dieser Feier haben wir, vom Wort Gottes erleuchtet, zusammen im Glauben das »Te Deum« gesungen. Aus vielen Gründen ist unser Dank groß und wird zu einem gemeinsamen Gebet. Während wir an die zahlreichen Ereignisse denken, die den Lauf der Monate in diesem Jahr, das sich seinem Ende zuneigt, geprägt haben, möchte ich besonders die Menschen in Erinnerung rufen, die sich in schwierigen Lebenslagen befinden: die Ärmsten und Verlassensten, diejenigen, die die Hoffnung verloren haben, einen Sinn in ihrem Leben zu finden, oder die unfreiwillige Opfer eigennütziger Interessen sind, ohne dass nach ihrer Zustimmung oder Meinung gefragt wird. Indem wir ihr Leiden zu unserem Leiden machen, vertrauen wir sie alle Gott an, der alle Dinge zum Guten wenden kann; Ihm vertrauen wir unseren Wunsch an, dass jedem Menschen seine Würde als Kind Gottes zuerkannt werde. Den Herrn des Le-

bens bitten wir, durch seine Gnade die vom Bösen verursachten Schmerzen zu lindern und unserem irdischen Leben auch weiterhin Kraft zu geben und uns das Brot und den Wein des Heils zu schenken, als Nahrung auf unserem Weg zum himmlischen Vaterland.
Während wir uns vom alten Jahr verabschieden und uns dem neuen zuwenden, führt uns diese Vesperliturgie hinein in das Fest Mariens, der Mutter Gottes, der Theotókos. Acht Tage nach der Geburt Jesu feiern wir sie, die, als »die Zeit erfüllt war« (Gal 4,4), von Gott zur Mutter des Erlösers erwählt wurde. Mutter ist diejenige, die das Leben schenkt, aber die auch hilft und lehrt zu leben. Maria ist Mutter, die Mutter Jesu, dem sie ihr Blut, ihren Leib gegeben hat. Und sie ist es, die uns das ewige Wort des Vaters zeigt, das gekommen ist, um unter uns zu wohnen. Bitten wir Maria um ihre Fürsprache. Ihr mütterlicher Schutz begleite uns heute und immer, damit Christus uns eines Tages in seine Herrlichkeit, in die Gemeinschaft der Heiligen aufnehme: »Aeterna fac cum sanctis tuis in gloria numerari.« Amen!

PREDIGT IM JAHRESSCHLUSSGOTTESDIENST IM PETERSDOM MIT TE DEUM
31. Dezember 2006

Meine Herrn Kardinäle,
verehrte Mitbrüder im Bischofs- und Priesteramt,
verehrte Obrigkeiten,
liebe Brüder und Schwestern!

Wir sind hier in der Vatikanbasilika zusammengekommen, um dem Herrn am Ende des Jahres zu danken und gemeinsam das Te Deum zu singen. Von Herzen danke ich euch allen, die ihr bei diesem so bedeutenden Anlass mit mir zusammensein wollt. Vor allem begrüße ich die Herrn Kardinäle, die verehrten Mitbrüder im Bischofs- und Priesteramt, die Ordensleute, die geweihten Personen wie die zahlreichen gläubigen Laien, die die gesamte kirchliche Gemeinschaft Roms vertreten. Besonders grüße ich den Bürgermeister von Rom und die anderen hier anwesenden Obrigkeiten. Am Abend des 31. Dezember kreuzen sich zwei verschiedene Perspektiven: eine im Zusammenhang mit dem Ende des weltlichen Kalenderjahres und die andere in Verbindung mit dem liturgischen Hochfest der heiligen Gottesmutter Maria, das die Oktav von Weihnachten abschließt. Das

erste Ereignis ist allen gemeinsam, das zweite gehört den Gläubigen. Ihr Zusammenfallen verleiht dieser Vesper einen einzigartigen Charakter in einer besonderen spirituellen Atmosphäre, die zum Nachdenken einlädt.
Das erste sehr suggestive Thema ist mit der Dimension der Zeit verbunden. In den letzten Stunden jedes Kalenderjahres wohnen wir einigen sich wiederholenden weltlichen »Riten« bei, die im heutigen Kontext überwiegend von Vergnügen geprägt sind und dabei häufig als Evasion vor der Realität gelebt werden, als gelte es, die negativen Aspekte auszutreiben und unwahrscheinliches Glück heraufzubeschwören. Wie anders muss die Haltung der christlichen Gemeinde sein! Die Kirche ist gerufen, sich in diesen Stunden die Gefühle der Jungfrau Maria zu eigen zu machen. Sie ist eingeladen, zusammen mit ihr den Blick immer fest auf das Jesuskind zu richten, die neue Sonne am Horizont der Menschheit, und, von seinem Licht bestärkt, ihm »Freude und Hoffnung, Trauer und Angst der Menschen von heute, besonders der Armen und Bedrängten aller Art« (Gaudium et spes, 1) vorzulegen.
Es stehen sich also zwei verschiedene Bewertungsmaßstäbe der Dimension »Zeit« gegenüber, ein quantitativer und ein qualitativer. Einerseits der Sonnenzyklus mit seinen Rhythmen und anderseits das, was der hl. Paulus die »erfüllte Zeit« (vgl.

Gal 4,4) nennt, das heißt der Höhepunkt der Geschichte des Universums und des Menschengeschlechts, als der Sohn Gottes auf die Welt kam. Die Zeit der Verheißungen ist vollendet und, als die Schwangerschaft Marias zu ihrem Ende kam, »hat das Land« – so heißt es in einem Psalm – »seinen Ertrag gegeben« (Ps 67,7). Das Kommen des von den Propheten angekündigten Messias ist das in qualitativer Hinsicht wichtigste Ereignis der gesamten Geschichte, der es ihren letzten und vollen Sinn verleiht. Nicht die geschichtlich-politischen Koordinaten sind es, die die Entscheidungen Gottes bedingen, im Gegenteil, es ist vielmehr das Ereignis der Menschwerdung, das die Geschichte mit Wert und Bedeutung »erfüllt«. Das können wir, die wir zweitausend Jahre nach diesem Ereignis kommen, sozusagen auch »a posteriori« sagen, nachdem wir die gesamte Geschichte Jesu bis zu seinem Tod und seiner Auferstehung kennen gelernt haben. Wir sind gleichzeitig Zeugen seiner Herrlichkeit und seiner Demut, des unermesslichen Wertes seines Kommens und der unendlichen Achtung Gottes für uns Menschen und unsere Geschichte. Er hat die Zeit nicht erfüllt, indem er sich von oben, sondern vielmehr »von innen« in sie ergossen hat, indem er sich zum kleinen Samenkorn machte, um die Menschheit zu ihrer vollen Reife zu führen. Dieser Stil Gottes brachte es mit sich, dass eine lange Vorbereitungszeit notwendig war, um von Abraham zu Jesus Christus zu gelangen; der Stil Gottes hat zur Folge, dass nach dem Kommen des Messias die Geschichte nicht zu Ende war, sondern ihren Lauf fortsetzte – dem Anschein nach in gleicher Weise, in Wirklichkeit aber bereits von Gott besucht und auf das zweite und endgültige Kommen des Herrn am Ende der Zeit hin ausgerichtet. Von all dem ist Realsymbol, wir könnten sagen, ist Sakrament die Mutterschaft Marias, die gleichzeitig ein menschliches und ein göttliches Ereignis ist.

Im Abschnitt aus dem Brief an die Galater, den wir soeben gehört haben, sagt der hl. Paulus: »Gott sandte seinen Sohn, geboren von einer Frau« (vgl. Gal 4,4). Origenes kommentiert dazu: »Beachte wohl, dass er nicht gesagt hat: durch eine Frau geboren, sondern vielmehr: von einer Frau geboren« (vgl. Kommentar zum Brief an die Galater). Diese scharfsinnige Beobachtung des großen Exegeten und kirchlichen Schriftstellers ist wichtig: in der Tat, wäre der Sohn Gottes nur »durch« eine Frau geboren worden, so hätte er unsere Menschlichkeit nicht wirklich angenommen, was er aber getan hat, indem er »von« Maria Fleisch annahm. Die Mutterschaft Marias ist demnach wahr und vollends menschlich. In der Aussage: »Gott sandte seinen Sohn, geboren von einer Frau« verdichtet sich die grundlegende Wahrheit über Jesus als göttliche Person, die unsere menschliche Natur voll angenommen hat. Er ist der Sohn Gottes, von Ihm gezeugt, und gleichzeitig ist er Sohn einer Frau, Sohn Marias. Er kommt von ihr. Er ist von Gott und von Maria. Daher kann und muss die Mutter Jesu Mutter Gottes genannt werden. Dieser Titel, auf Griechisch »Theotókos«, tritt erstmals wahrscheinlich in Ägypten, in der Gegend von Alexandrien auf, wo gerade in der ersten Hälfte des dritten Jahrhunderts Origenes gelebt hat. Dogmatisch wurde er jedoch erst zwei Jahrhunderte später definiert, im Jahr 431 vom Konzil von Ephesus, jene Stadt, in die ich mit Freude vor einem Monat während der apostolischen Reise in die Türkei pilgern konnte. Gerade im Gedanken an diesen unvergesslichen Besuch: Wie könnte ich da nicht der heiligen Mutter Gottes meine kindliche Dankbarkeit für den besonderen Schutz zum Ausdruck bringen, den sie mir in jenen Tagen der Gnade gewährt hat?

»Theotókos«, Mutter Gottes: jedes Mal, wenn wir das Ave Maria beten, wenden wir uns mit diesem Titel an die Jungfrau und flehen sie an, »für uns Sünder« zu beten. Am Ende eines Jahres verspüren wir das Bedürfnis, die allerseligste Maria auf ganz besondere Art und Weise um ihre mütterliche Fürsprache für die Stadt Rom, für Italien, für Europa und für die ganze Welt zu bitten. Ihr, der Mutter der menschgewordenen Barmherzigkeit, vertrauen wir vor allem die Situationen an, in denen allein die Gnade des Herrn Frieden, Trost und Gerechtigkeit bringen kann. »Für Gott ist nichts unmöglich« (Lk 1,37), das hörte Maria von dem Engel, der ihr ihre göttliche Mutterschaft verkündete. Maria glaubte, und deshalb ist sie selig (vgl. Lk 1,45). Das, was dem Menschen unmöglich ist, wird der können, der glaubt (vgl. Mk 9,23). Daher wollen wir nun, während das Jahr 2006 zu Ende geht und die Morgenröte des Jahres 2007 schon zu erkennen ist, die Mutter Gottes bitten, für uns das Geschenk eines reifen Glaubens zu erwirken: ein Glaube, so wünschen wir, der dem ihren so weit wie möglich ähnelt, ein reiner, unverfälschter, demütiger und zugleich mutiger Glaube, durchtränkt von Hoffnung und Begeisterung für das Reich Gottes, ein Glaube ohne jeden Fatalismus, der danach strebt, in vollem und freudigem Gehorsam gegenüber dem göttlichen Willen mitzuwirken, dies in der absoluten Gewissheit, dass Gott nichts anderes will als Liebe und Leben, immer und für alle.

Erwirke uns, o Maria, einen authentischen und reinen Glauben. Dir sei Dank und Lobpreis immerdar, heilige Mutter Gottes! Amen!

ANGELUS AM HOCHFEST DER GOTTESMUTTER MARIA
1. Januar 2006

Gott sandte seinen Sohn, geboren von einer Frau, damit wir die Sohnschaft erlangen

Als aber die Zeit erfüllt war, sandte Gott seinen Sohn, geboren von einer Frau und dem Gesetz unterstellt, damit er die freikaufe, die unter dem Gesetz stehen, und damit wir die Sohnschaft erlangen.
Weil ihr aber Söhne seid, sandte Gott den Geist seines Sohnes in unser Herz, den Geist, der ruft: Abba, Vater.
Daher bist du nicht mehr Sklave, sondern Sohn; bist du aber Sohn, dann auch Erbe, Erbe durch Gott.

Gal 4,4-7

Sie fanden Maria und Josef und das Kind

Als acht Tage vorüber waren, gab man dem Kind den Namen Jesus

So eilten sie hin und fanden Maria und Josef und das Kind, das in der Krippe lag.
Als sie es sahen, erzählten sie, was ihnen über dieses Kind gesagt worden war.

Und alle, die es hörten, staunten über die Worte der Hirten.
Maria aber bewahrte alles, was geschehen war, in ihrem Herzen und dachte darüber nach.
Die Hirten kehrten zurück, rühmten Gott und priesen ihn für das, was sie gehört und gesehen hatten; denn alles war so gewesen, wie es ihnen gesagt worden war.
Als acht Tage vorüber waren und das Kind beschnitten werden sollte, gab man ihm den Namen Jesus, den der Engel genannt hatte, noch ehe das Kind im Schoß seiner Mutter empfangen wurde.

Lk 2,16-21

Liebe Brüder und Schwestern!

An diesem ersten Tag des Jahres richtet die Kirche den Blick auf die himmlische Gottesmutter, die das Jesuskind, die Quelle allen Segens, in den Armen hält. »Gruß dir, heilige Mutter«, so singt die Liturgie, »du hast den König geboren, der in Ewigkeit herrscht über Himmel und Erde.« Im mütterlichen Herzen Mariens hallte die Verkündigung der Engel in Betlehem wider und erfüllte es mit Staunen: »Verherrlicht ist Gott in der Höhe, und auf Erden ist Friede bei den Menschen seiner Gnade« (Lk 2,14). Und das Evangelium fügt hinzu: »Maria aber bewahrte alles, was geschehen war, in ihrem Herzen und dachte darüber nach« (Lk 2,19). Wie sie bewahrt auch die Kirche das Wort Gottes und denkt darüber nach, wenn sie die unterschiedlichen und sich verändernden Situationen, denen sie auf ihrem Weg begegnet, im Licht des Evangeliums betrachtet.

Mit dem Blick auf Christus, der auf die Erde gekommen ist, um uns seinen Frieden zu schenken, feiern wir am Beginn des neuen Jahres den Weltfriedenstag, der vor 38 Jahren auf Wunsch von Papst Paul VI. eingerichtet wurde. In meiner ersten Botschaft zu diesem Anlass wollte ich in diesem Jahr ein Thema aufgreifen, das im Lehramt meiner verehrten Vorgänger regelmäßig wiederkehrt, angefangen von der denkwürdigen Enzyklika Pacem in terris des seligen Papstes Johannes XXIII.: Es ist das Thema der Wahrheit als Fundament eines echten Friedens. »In der Wahrheit liegt der Friede« ist das Leitwort, das ich allen Menschen guten Willens zur Reflexion vorlege. Wenn der Mensch sich vom Glanz der Wahrheit erleuchten lässt, wird er innerlich zu einem mutigen Friedensstifter. Die Liturgie erteilt uns in dieser Zeit des Jahreskreises, die wir gerade erleben, eine wichtige Lehre: Um das Geschenk des Friedens anzunehmen, müssen wir uns der Wahrheit öffnen, die sich in der Person Jesu offenbart hat. Er ist es, der uns gelehrt hat, was der »Inhalt« und auch die »Methode« des Friedens ist: die Liebe. Denn Gott, der die vollkommene und durch sich selbst bestehende Liebe ist, hat sich in Jesus offenbart, der unsere Menschennatur angenommen hat. Dadurch hat er uns auch den Weg des Friedens gezeigt: den Dialog, die Vergebung, die Solidarität. Das ist der einzige Weg, der zum echten Frieden führt.

Richten wir den Blick auf die allerseligste Jungfrau Maria, die heute die ganze Welt segnet und uns ihren göttlichen Sohn zeigt, den »Fürst des Friedens« (Jes 9,5). Vertrauensvoll rufen wir ihre mächtige Fürsprache an, damit die Menschheitsfamilie sich der Botschaft des Evangeliums öffnet und so im Jahr, das heute beginnt, in Brüderlichkeit und Frieden leben kann. Mit diesen Empfindungen richte ich an euch alle, [...] von ganzem Herzen meine Wünsche des Friedens und des Heils.

ANGELUS AM HOCHFEST DER GOTTESMUTTER MARIA
1. Januar 2007

Liebe Brüder und Schwestern!

Zu Beginn des neuen Jahres richte ich mit Freude an alle Anwesenden auf dem Petersplatz und an alle, die über Radio und Fernsehen mit uns verbunden sind, die herzlichsten Wünsche für Frieden und Wohlergehen! Alles Gute euch allen: »Pace e bene«, Friede und Segen! Das Licht Christi, der Sonne, die am Horizont der Menschheit erschienen ist, erhelle euren Weg und begleite euch während des ganzen Jahres!
Es war die glückliche Eingebung meines verehrten Vorgängers, des Dieners Gottes Paul VI., den Beginn des Jahres unter den Schutz der Gottesmutter Maria zu stellen. Die Gemeinschaft der Christen, die in diesen Tagen vor der Krippe in Anbetung verweilt, schaut heute mit besonderer Liebe auf die jungfräuliche Mutter. Sie identifiziert sich mit ihr bei der Betrachtung des neugeborenen, in Windeln gewickelten Kindes in der Krippe. Wie Maria verweilt auch die Kirche in Stille, um den Widerhall des menschgewordenen Wortes im Innern zu vernehmen und zu bewahren und die

göttlich-menschliche Wärme nicht zu verlieren, die von seiner Gegenwart ausgeht. Das menschgewordene Wort ist der Segen Gottes! Wie die Jungfrau Maria tut die Kirche nichts anderes, als allen Jesus, den Erlöser, zu zeigen, und sie strahlt auf alle das Licht seines Angesichts aus, den Glanz der Güte und der Wahrheit.

Heute betrachten wir Jesus, geboren aus der Jungfrau Maria, in seiner Eigenschaft als wahrer »Fürst des Friedens« (Jes 9,5). »Er ist unser Friede«, gekommen, um »die trennende Wand«, die Menschen und Völker spaltet, das heißt »die Feindschaft« (Eph 2,14), niederzureißen. Aus diesem Grund eben wollte Paul VI. ehrwürdigen Gedenkens, dass der 1. Januar auch Welttag des Friedens wurde, damit jedes neue Jahr im Licht Christi, des großen Friedensstifters der Menschheit, beginnt. Ich erneuere heute meinen Friedenswunsch gegenüber den Regierenden und Verantwortlichen der Nationen und internationalen Einrichtungen und allen Männern und Frauen guten Willens. Ich tue es insbesondere durch die Botschaft, die ich zusammen mit meinen Mitarbeitern des Päpstlichen Rates für Gerechtigkeit und Frieden vorbereitet habe und die in diesem Jahr das Thema trägt: »Der Mensch, Herz des Friedens.« Es berührt einen wesentlichen Punkt, den Wert der menschlichen Person, der die tragende Säule des gesamten Friedensgebäudes ist. Heute ist vielfach die Rede von den Menschenrechten, aber oft wird vergessen, dass sie eine feste, nicht relative, nicht diskutierbare Grundlage benötigen. Und das kann nur die Würde der Person sein. Die Achtung dieser Würde beginnt mit der Anerkennung und dem Schutz ihres Rechtes, zu leben und die eigene Religion frei zu bekennen.

An die Gottesmutter richten wir vertrauensvoll unser Gebet, dass in den Gewissen die heilige Achtung für jede menschliche Person und die entschlossene Absage an Krieg und Gewalt wachse. Maria, du hast der Welt Jesus geschenkt, hilf uns, von ihm das Geschenk des Friedens anzunehmen und wahre, mutige Friedensstifter zu sein.

Der Apostel Paulus stellt uns Jesus Christus, den Sohn Gottes, als »geboren von einer Frau und dem Gesetz unterstellt« (Gal 4,4) vor Augen. Bitten wir den menschgewordenen Erlöser, uns an allen Tagen dieses neuen Jahres zu begleiten und zu führen, auf dass wir stets Wege des Friedens und der Verständigung gehen und die Menschenfreundlichkeit Gottes in der Welt aufscheinen lassen. Euch allen wünsche ich von Herzen ein gutes und gesegnetes neues Jahr!

PREDIGT BEI DER EUCHARISTIEFEIER AM HOCHFEST DER GOTTESMUTTER MARIA
1. Januar 2007

Liebe Brüder und Schwestern!

Die Liturgie betrachtet heute wie in einem Mosaik verschiedene Tatsachen und messianische Wirklichkeiten, aber ihr Augenmerk konzentriert sich vor allem auf Maria, die Mutter Gottes. Acht Tage nach der Geburt Jesu gedenken wir der Mutter, der »Theotókos«, derer, die »den König geboren hat, der in Ewigkeit herrscht über Himmel und Erde« (Eröffnungsvers; vgl. Sedulius). Die Liturgie meditiert heute über das menschgewordene Wort und wiederholt, dass es von der Jungfrau geboren wurde. Sie denkt über die Beschneidung Jesu als einen Ritus der Eingliederung in die Gemeinschaft nach, und sie betrachtet Gott, der seinen eingeborenen Sohn als Haupt des »neuen Volkes« durch Maria geschenkt hat. Sie erinnert an den Namen, der dem Messias gegeben wurde, und hört ihn voll Zärtlichkeit aus dem Mund seiner Mutter. Die Liturgie erbittet für die Welt den Frieden, den Frieden Christi, und sie tut es durch Maria, die Mittlerin und Mitarbeiterin Christi (vgl. Lumen gentium, 60–61).

Wir beginnen ein neues Kalenderjahr, das ein weiterer Zeitabschnitt ist, den uns die göttliche Vorsehung im Kontext des Heils schenkt, das von Christus eröffnet worden ist. Ist aber das ewige Wort nicht gerade durch Maria in die Zeit eingetreten? Daran erinnert in der soeben gehörten zweiten Lesung der Apostel Paulus, und er bekräftigt, dass Jesus »von einer Frau« (vgl. Gal 4,4) geboren wurde. In der Liturgie ragt heute die Gestalt Marias heraus, der wahren Mutter Jesu, des Gott-Menschen. Am heutigen Hochfest wird deshalb keine abstrakte Idee gefeiert, sondern ein Geheimnis und ein geschichtliches Ereignis: Jesus Christus, göttliche Person, wurde von der Jungfrau Maria geboren, die im wahrsten Sinn seine Mutter ist.

Außer der Mutterschaft wird heute auch die Jungfräulichkeit Marias hervorgehoben. Es handelt sich um zwei herausragende Eigenschaften, die immer untrennbar miteinander verkündet werden, denn sie ergänzen und kennzeichnen sich gegenseitig. Maria ist Mutter, aber jungfräuliche Mutter; Maria ist Jungfrau, aber mütterliche Jungfrau. Lässt man den einen oder den andern Aspekt außer Acht, versteht man das Geheimnis Marias, wie die Evangelien es uns vorlegen, nicht zur Gänze. Als Mutter Christi ist Maria auch Mutter der Kirche, wie mein verehrter Vorgänger, der Diener Gottes Paul VI., am 21. November 1964 während des II. Vatikanischen Konzils verkünden wollte.

Maria ist schließlich geistliche Mutter der ganzen Menschheit, weil Jesus am Kreuz sein Blut für alle vergossen hat und vom Kreuz aus alle ihrer mütterlichen Sorge anvertraut hat.
Mit dem Blick auf Maria beginnen wir also dieses neue Jahr, das wir aus Gottes Händen als ein wertvolles »Talent« empfangen, das es als eine von der Vorsehung gewollte Gelegenheit zu nutzen gilt, um zur Verwirklichung des Reiches Gottes beizutragen. In dieser Atmosphäre des Gebets und des Dankes an den Herrn für das Geschenk eines neuen Jahres richte ich gerne meinen achtungsvollen Gruß an die geehrten Herren Botschafter des beim Heiligen Stuhl akkreditierten Diplomatischen Korps, die an dem feierlichen Gottesdienst heute teilnehmen wollten. Herzlich grüße ich meinen Staatssekretär Kardinal Tarcisio Bertone. Ich grüße Kardinal Renato Raffaele Martino und die Mitglieder des Päpstlichen Rates für Gerechtigkeit und Frieden und spreche ihnen meinen aufrichtigen Dank aus für das Bemühen, mit dem sie diese Werte fördern, die so grundlegend für das Leben der Gesellschaft sind. Anlässlich des heutigen Weltfriedenstages habe ich an die Regierenden und die Verantwortlichen der Nationen sowie an die Menschen guten Willens die übliche Botschaft gerichtet, die in diesem Jahr dem Thema »Der Mensch, Herz des Friedens« gewidmet ist.
Ich bin zutiefst davon überzeugt, »dass durch die

Achtung der Person der Friede gefördert wird und dass mit der Herstellung des Friedens die Voraussetzungen geschaffen werden für einen ›authentischen ganzheitlichen Humanismus‹« (Botschaft, 1). Das ist eine Aufgabe, die in besonderer Weise dem Christen zukommt, der berufen ist, »unermüdlicher Friedensstifter und mutiger Verteidiger der Würde des Menschen und seiner unveräußerlichen Rechte zu sein« (Botschaft, 16). Nach dem Bild und als Abbild Gottes (vgl. Gen 1,27) geschaffen, ist jeder Mensch, ohne Unterschied von Rasse, Kultur und Religion, mit der gleichen Würde der Person ausgestattet. Deshalb ist er zu achten, und aus keinem Grund ist je zu rechtfertigen, dass man über ihn nach Belieben verfügt, gleichsam als sei er ein Objekt. Angesichts der leider immer vorhandenen Bedrohungen des Friedens, angesichts der Situationen von Ungerechtigkeit und Gewalt, die weiterhin in vielen Teilen der Welt bestehen, und im Hinblick auf die anhaltenden bewaffneten Konflikte, die oft von der breiten öffentlichen Meinung vergessen sind, und die Gefahr des Terrorismus, der den Frieden der Völker stört, wird es mehr denn je notwendig, gemeinsam für den Frieden zu wirken. Das ist, wie ich in der Botschaft betont habe, »Gabe und Aufgabe zugleich« (Nr. 3): eine Gabe, um die im Gebet zu bitten ist; eine Aufgabe, die mutig zu bewältigen ist, ohne ihrer je müde zu werden.
Im Evangelium, das wir gehört haben, wird von

den Hirten in Betlehem berichtet, die zur Krippe eilten, um das Kind anzubeten, nachdem sie die Verkündigung des Engels gehört hatten (vgl. Lk 2,16). Wie sollten wir da nicht den Blick noch einmal auf die dramatische Situation richten, die gerade das Land prägt, in dem Jesus geboren wurde? Wie sollten wir nicht mit inständigem Gebet darum flehen, dass auch in diesem Land so bald wie möglich der Tag des Friedens anbricht, der Tag, an dem der bestehende Konflikt, der schon viel zu lange dauert, endgültig gelöst wird? Eine Friedensvereinbarung, um dauerhaft zu sein, muss auf der Achtung der Würde und der Rechte eines jeden Menschen gründen. Der Wunsch, den ich vor den hier anwesenden Vertretern der Nationen ausspreche, ist, dass die internationale Gemeinschaft ihre Kräfte vereine, damit im Namen Gottes eine Welt erbaut wird, in der die wesentlichen Rechte des Menschen von allen geachtet werden. Damit das geschieht, ist es jedoch notwendig, dass das Fundament dieser Rechte nicht in einfachen menschlichen Vereinbarungen, sondern »in der Natur des Menschen selbst und in seiner unveräußerlichen Würde als einer von Gott erschaffenen Person« erkannt wird (Botschaft, 13). Denn wenn die wesentlichen Bestandteile der Menschenwürde den wandelbaren menschlichen Meinungen anvertraut werden, dann werden am Ende auch ihre Rechte trotz ihrer feierlichen Verkündigung schwach und unterschiedlich interpretierbar sein. »Darum ist es wichtig, dass die internationalen Organe das natürliche Fundament der Menschenrechte nicht aus den Augen verlieren. Das bewahrt sie vor der leider immer latent vorhandenen Gefahr, in eine nur positivistische Interpretation dieser Rechte abzugleiten« (ebd.).

»Der Herr segne dich und behüte dich ... Der Herr wende sein Angesicht dir zu und schenke dir Frieden« (Num 6,24.26). Das ist die Segensformel, die wir in der ersten Lesung gehört haben. Sie ist dem Buch Numeri entnommen. Hier wird der Name des Herrn dreimal angerufen. Das weist auf die Intensität und Kraft des Segens hin, dessen letztes Wort »Frieden« ist. Das biblische Wort »shalom«, das wir mit »Frieden« übersetzen, bedeutet jene Fülle der Güter, in der das »Heil« besteht, das Christus, der von den Propheten angekündigte Messias, gebracht hat. Deshalb erkennen wir Christen in ihm den Friedensfürsten. Er ist Mensch und in einer Krippe in Betlehem geboren geworden, um den Menschen guten Willens, denen, die ihn im Glauben und mit Liebe aufnehmen, seinen Frieden zu bringen. So ist der Frieden wirklich die Gabe und die Aufgabe von Weihnachten: die Gabe, die mit demütiger Fügsamkeit anzunehmen und die ständig mit betendem Vertrauen zu erflehen ist; die Aufgabe, die aus jedem Menschen guten Willens einen »Kanal des Friedens« macht.

Rufen wir zu Maria, der Gottesmutter, dass sie uns hilft, ihren Sohn und in Ihm den wahren Frieden aufzunehmen. Bitten wir sie, unsere Augen zu erleuchten, auf dass wir im Antlitz eines jeden Menschen – Herz des Friedens – das Antlitz Christi zu erkennen vermögen.

GENERALAUDIENZ
3. Januar 2007

Liebe Brüder und Schwestern!

Danke für eure Zuneigung. Ich wünsche euch allen ein gutes Jahr! Diese erste Generalaudienz des neuen Jahres findet noch in weihnachtlicher Stimmung statt, in einer Atmosphäre, die uns zur Freude über die Geburt des Erlösers einlädt. Mit seinem Kommen in die Welt hat Jesus Gaben der Güte, Barmherzigkeit und Liebe in Fülle unter den Menschen ausgeteilt. Der Apostel Johannes interpretiert gleichsam die Empfindungen der Menschen aller Zeiten, wenn er schreibt: »Seht, wie groß die Liebe ist, die der Vater uns geschenkt hat« (1 Joh 3,1). Wer vor dem Gottessohn, der hilflos in der Krippe liegt, innehält, um nachzudenken, muss sich von diesem aus menschlicher Sicht unglaublichen Ereignis überrascht fühlen; er muss das Staunen und die demütige Hingabe der Jungfrau Maria teilen, die Gott gerade wegen ihrer Demut zur Mutter des Erlösers erwählt hat. In dem Kind von Betlehem entdeckt jeder Mensch, dass er von Gott umsonst geliebt wird; im Licht von Weihnachten offenbart sich jedem von uns die unendliche Güte Gottes. In Jesus hat der himmlische Vater

eine neue Beziehung zu uns eröffnet; er hat uns »zu Söhnen im Sohn« gemacht. Über diese Wirklichkeit nachzudenken, lädt uns in diesen Tagen der hl. Johannes mit dem Reichtum und der Tiefe seines Wortes ein, von dem wir vorhin einen Abschnitt gehört haben.
Der Lieblingsjünger des Herrn unterstreicht, dass wir Kinder Gottes heißen und es wirklich sind (vgl. 1 Joh 3,1): Wir sind nicht nur Geschöpfe, sondern wir sind seine Kinder; auf diese Weise ist Gott uns nahe; auf diese Weise zieht er uns im Augenblick seiner Menschwerdung, als er einer von uns wird, an sich. Wir gehören also wirklich zu der Familie, die Gott zum Vater hat, weil Jesus, der eingeborene Sohn, unter uns sein »Zelt« aufgeschlagen hat, das »Zelt« seines Fleisches, um alle Völker in einer einzigen Familie, der Familie Gottes, zu versammeln, die wirklich zum göttlichen Sein gehört, vereint in einem einzigen Volk, in einer einzigen Familie. Er ist gekommen, um uns das wahre Antlitz des Vaters zu enthüllen. Und wenn wir jetzt das Wort »Gott« gebrauchen, handelt es sich nicht mehr um eine nur aus weiter Ferne erkannte Wirklichkeit. Wir kennen das Antlitz Gottes: Es ist das Antlitz des Sohnes, der gekommen ist, um uns auf der Erde die himmlische Wirklichkeit näher zu bringen. Der hl. Johannes schreibt: »Nicht darin besteht die Liebe, dass wir Gott geliebt haben, sondern dass er uns geliebt hat« (1 Joh 4,10). An Weih-

nachten erschallt auf der ganzen Welt die einfache und bewegende Botschaft: »Gott liebt uns.« »Wir wollen lieben«, sagt der heilige Johannes, »weil er uns zuerst geliebt hat« (1 Joh 4,19). Dieses Geheimnis ist nun unseren Händen anvertraut, damit wir uns durch die Erfahrung der göttlichen Liebe auf die himmlische Wirklichkeit hin ausstrecken. Und das ist, so meinen wir, auch die Übung dieser Tage: wirklich ausgestreckt auf Gott hin leben, indem wir vor allem das Himmelreich und seine Gerechtigkeit suchen, in der Gewissheit, dass uns alles Übrige dazugegeben werden wird (vgl. Mt 6,33). Die geistliche Atmosphäre der Weihnachtszeit hilft uns, in diesem Bewusstsein zu wachsen.
Die Freude der Weihnacht lässt uns jedoch nicht das Geheimnis des Bösen (»mysterium iniquitatis«) vergessen, die Macht der Finsternis, die den Glanz des göttlichen Lichtes zu verdunkeln trachtet: und diese Macht der Finsternis erleben wir leider täglich. Im Prolog seines Evangeliums, der in diesen Tagen mehrmals verkündet wird, schreibt der Evangelist Johannes: »Das Licht leuchtet in der Finsternis, und die Finsternis hat es nicht erfasst« (Joh 1,5). Es ist das Drama der Ablehnung Christi, das, wie in der Vergangenheit, leider auch heute in vielen verschiedenen Formen auftritt und sich äußert. Vielleicht sind die Formen der Ablehnung Gottes in der heutigen Zeit sogar noch heimtückischer und gefährlicher: sie reichen von der völli-

gen Verwerfung bis zur Gleichgültigkeit, vom wissenschaftlichen Atheismus bis zur Vorstellung eines so genannten modernisierten oder postmodernen Jesus. Jesus als ein Mensch, der in verschiedener Weise auf einen gewöhnlichen Menschen seiner Zeit verkürzt und damit seiner Göttlichkeit beraubt wird; oder ein Jesus, der in einem Maße idealisiert wird, dass er manchmal wie eine Märchenfigur erscheint.
Doch Jesus, der wahre Jesus der Geschichte, ist wahrer Gott und wahrer Mensch und wird nicht müde, sein Evangelium allen anzubieten, wobei er weiß, »ein Zeichen zu sein, dem widersprochen wird«, damit »die Gedanken vieler Menschen offenbar werden«, wie der greise Simeon prophezeien sollte (vgl. Lk 2,34–35). Tatsächlich besitzt allein das Kind in der Krippe das wahre Geheimnis des Lebens. Darum bittet es, dass wir es aufnehmen, dass wir ihm in uns, in unseren Herzen, in unseren Häusern, in unseren Städten und in unseren Gesellschaften Raum geben. Im Geist und im Herzen klingen die Worte aus dem Prolog des Johannes wider: »Allen aber, die ihn aufnahmen, gab er Macht, Kinder Gottes zu werden« (Joh 1,12). Bemühen wir uns, zu denen zu gehören, die ihn aufnehmen. Man kann ihm gegenüber nicht gleichgültig bleiben. Auch wir, liebe Freunde, müssen unablässig Stellung nehmen. Wie wird also unsere Antwort lauten? Mit welcher Haltung emp-

fangen wir ihn? Dabei kommt uns die Einfachheit der Hirten und das Suchen der Magier zu Hilfe, die durch den Stern die Zeichen Gottes ergründen; ein Vorbild ist für uns die Fügsamkeit Mariens und die weise Besonnenheit Josefs. Die über 2000 Jahre christlicher Geschichte sind voller Beispiele von Männern und Frauen, Jugendlichen und Erwachsenen, Kindern und Alten, die an das Weihnachtsgeheimnis geglaubt haben, die den Immanuel mit offenen Armen empfangen haben und durch ihr Leben zu Leuchtfeuern des Lichts und der Hoffnung geworden sind. Die Liebe, die Jesus durch seine Geburt in Betlehem in die Welt gebracht hat, bindet alle, die ihn aufnehmen, in einer dauerhaften Beziehung der Freundschaft und Brüderlichkeit an sich. Der hl. Johannes vom Kreuz drückt das so aus: »Als Gott uns alles, nämlich seinen Sohn, gab, hat er uns nun in ihm alles gegeben. Richte die Augen allein auf ihn ... und auch du wirst dort mehr finden als alles, was du erbittest und ersehnst« (Der Aufstieg zum Berge Karmel, Lib. I, Ep. 22,4–5).

Liebe Brüder und Schwestern, wir wollen zu Beginn dieses neuen Jahres unser Bemühen erneut lebendig werden lassen, Christus Geist und Herz zu öffnen, indem wir ihm unseren aufrichtigen Willen zeigen, als seine wahren Freunde zu leben. So werden wir zu Mitarbeitern seines Heilsplans und zu Zeugen jener Freude, die er uns schenkt, auf dass wir sie in reichem Maße in unserer Umgebung verbreiten. Maria helfe uns, das Herz dem Immanuel zu öffnen, der unser armes und schwaches Fleisch angenommen hat, um den mühsamen Weg des irdischen Lebens mit uns zu teilen. Begleitet von Jesus wird dieser mühsame Weg jedoch zu einem freudigen Weg. Gehen wir zusammen mit Jesus, gehen wir mit ihm – dann wird das neue Jahr ein glückliches und gutes Jahr sein.

Diese erste Audienz im neuen Jahr steht noch ganz im Zeichen von Weihnachten. Gottes Sohn als Kind in der Krippe, das will uns sagen, dass Gott alle Menschen liebt und sich der Liebe der Menschen anvertraut. Ja, noch mehr: die Getauften gehören zu einer Familie, die Gott zum Vater hat. »Wir heißen Kinder Gottes, und wir sind es« (1 Joh 3, 1), sagt der Apostel Johannes. Unsere Antwort besteht darin, uns immer mehr auszustrecken auf die himmlische Wirklichkeit hin und zuerst das Reich Gottes und seine Gerechtigkeit zu suchen, denn dann wird uns alles andere dazugegeben (vgl. Mt 6,33).

Leider ist in unserer Welt auch das Böse gegenwärtig; es gibt eine Ablehnung Christi, die von der völligen Verwerfung bis zur gleichgültigen Haltung reicht. Man stellt sich Jesus als postmodernen »Weisheitslehrer« vor und entblößt ihn seiner göttlichen Natur. Dem halten wir die weihnachtliche Botschaft entgegen: Jesus, wahrer Gott und wahrer

Mensch, besitzt den Schlüssel des Lebens. Er bittet um Aufnahme in unsere Herzen, um uns mit der Fülle seiner Gaben zu beschenken. Gott gibt uns alles – nämlich sich selbst – in seinem Sohn. Gehen wir mit ihm durch dieses Jahr und durch unser Leben als seine Freunde und Weggefährten!

ANGELUS ZUM HOCHFEST DER ERSCHEINUNG DES HERRN
6. Januar 2006

Die Herrlichkeit des Herrn geht leuchtend auf über dir

Auf, werde licht, denn es kommt dein Licht, und die Herrlichkeit des Herrn geht leuchtend auf über dir. Denn siehe, Finsternis bedeckt die Erde und Dunkel die Völker, doch über dir geht leuchtend der Herr auf, seine Herrlichkeit erscheint über dir. Völker wandern zu deinem Licht und Könige zu deinem strahlenden Glanz.

Blick auf und schau umher: Sie alle versammeln sich und kommen zu dir. Deine Söhne kommen von fern, deine Töchter trägt man auf den Armen herbei.

Du wirst es sehen, und du wirst strahlen, dein Herz bebt vor Freude und öffnet sich weit. Denn der Reichtum des Meeres strömt dir zu, die Schätze der Völker kommen zu dir.

Zahllose Kamele bedecken dein Land, Dromedare aus Midian und Efa. Alle kommen von Saba, bringen Weihrauch und Gold und verkünden die ruhmreichen Taten des Herrn.

Jes 60,1-6

Jetzt ist offenbart worden: Auch die Heiden haben an der Verheißung in Christus Jesus teil

Ihr habt doch gehört, welches Amt die Gnade Gottes mir für euch verliehen hat.
Durch eine Offenbarung wurde mir das Geheimnis mitgeteilt.
Den Menschen früherer Generationen war es nicht bekannt; jetzt aber ist es seinen heiligen Aposteln und Propheten durch den Geist offenbart worden: dass nämlich die Heiden Miterben sind, zu demselben Leib gehören und an derselben Verheißung in Christus Jesus teilhaben durch das Evangelium.

Eph 3,2-3a.5-6

Wir haben seinen Stern aufgehen sehen und sind gekommen, um ihm zu huldigen

Als Jesus zur Zeit des Königs Herodes in Betlehem in Judäa geboren worden war, kamen Sterndeuter aus dem Osten nach Jerusalem und fragten: Wo ist der neugeborene König der Juden? Wir haben seinen Stern aufgehen sehen und sind gekommen, um ihm zu huldigen.
Als König Herodes das hörte, erschrak er und mit ihm ganz Jerusalem.
Er ließ alle Hohenpriester und Schriftgelehrten des Volkes zusammenkommen und erkundigte sich bei ihnen, wo der Messias geboren werden solle.

Sie antworteten ihm: In Betlehem in Judäa; denn so steht es bei dem Propheten:
Du, Betlehem im Gebiet von Juda, bist keineswegs die unbedeutendste unter den führenden Städten von Juda; denn aus dir wird ein Fürst hervorgehen, der Hirt meines Volkes Israel.
Danach rief Herodes die Sterndeuter heimlich zu sich und ließ sich von ihnen genau sagen, wann der Stern erschienen war.
Dann schickte er sie nach Betlehem und sagte: Geht und forscht sorgfältig nach, wo das Kind ist; und wenn ihr es gefunden habt, berichtet mir, damit auch ich hingehe und ihm huldige.
Nach diesen Worten des Königs machten sie sich auf den Weg. Und der Stern, den sie hatten aufgehen sehen, zog vor ihnen her bis zu dem Ort, wo das Kind war; dort blieb er stehen.
Als sie den Stern sahen, wurden sie von sehr großer Freude erfüllt.
Sie gingen in das Haus und sahen das Kind und Maria, seine Mutter; da fielen sie nieder und huldigten ihm. Dann holten sie ihre Schätze hervor und brachten ihm Gold, Weihrauch und Myrrhe als Gaben dar.
Weil ihnen aber im Traum geboten wurde, nicht zu Herodes zurückzukehren, zogen sie auf einem anderen Weg heim in ihr Land.

Mt 2,1-12

Liebe Brüder und Schwestern!

Wir feiern heute die Epiphanie des Herrn, das heißt sein Offenbarwerden vor den Völkern; sie werden vertreten von den Sterndeutern, jenen geheimnisvollen Gestalten aus dem Osten, von denen das Matthäusevangelium spricht (2,1–12). Die Anbetung Jesu durch die Sterndeuter wurde sogleich als Erfüllung der prophetischen Schriften erkannt: »Völker wandern zu deinem Licht – so lesen wir im Buch Jesaja – und Könige zu deinem strahlenden Glanz [...]; sie bringen Weihrauch und Gold und verkünden die ruhmreichen Taten des Herrn« (Jes 60,3.6). Das Licht Christi, das in der Grotte von Betlehem gleichsam eingeschlossen ist, verbreitet sich heute in seiner ganzen universalen Tragweite. Meine Gedanken gehen ganz besonders zu den geliebten Brüdern und Schwestern der Orientalischen Kirchen, die dem Julianischen Kalender entsprechend morgen die heilige Weihnacht feiern werden: An sie richte ich die herzlichsten Wünsche für Frieden und Wohlergehen im Herrn. An diesem heutigen Tag muss ich unwillkürlich wieder an den Weltjugendtag denken. Er hat im vergangenen August in Köln – viele von euch waren dort – über eine Million junge Menschen zusammengeführt, deren Motto die auf Jesus bezogenen Worte der Sterndeuter waren: »Wir sind gekommen, um ihn anzubeten« (Mt 2,2). Wie oft

haben wir sie gehört und wiederholt! Wir können sie jetzt nicht mehr hören, ohne im Geist zu jenem denkwürdigen Ereignis zurückzukehren, das eine echte »Epiphanie« dargestellt hat. Denn die Pilgerschaft der Jugendlichen muss in ihrer tiefsten Dimension als ein vom Licht eines »Sterns«, dem Stern des Glaubens, geleiteter Weg gesehen werden. Und ich möchte die Botschaft, die ich damals an die am Rheinufer zusammengeströmten jungen Menschen gerichtet habe, heute auf die ganze Kirche ausweiten: »Reißt euer Herz weit auf für Gott, lasst euch von Christus überraschen! Gewährt ihm in diesen Tagen das Recht, zu euch zu sprechen! Öffnet die Türen eurer Freiheit für seine barmherzige Liebe! Breitet eure Freuden und eure Leiden vor Christus aus und lasst zu, dass er euren Geist mit seinem Licht erleuchtet und euer Herz mit seiner Gnade berührt!« (Ansprache vom 18. August 2005; in O.R. dt., Nr. 34, 26. 8. 2005, S. 10).
Ich würde mir wünschen, dass man so wie in Köln in der ganzen Kirche die Atmosphäre der »Epiphanie« und des echten missionarischen Engagements atmet, das geweckt wird vom Offenbarwerden Christi, der als Licht der Welt von Gottvater entsandt wurde, um die Menschheit durch die Kraft der Liebe zu versöhnen und zu einen. In diesem Geist beten wir inständig für die volle Einheit aller Christen, damit ihr Zeugnis zum Sauerteig der Gemeinschaft für die ganze Welt werde. Dazu

erbitten wir die Fürsprache der allerseligsten Jungfrau Maria, Mutter Christi und Mutter der Kirche.

Liebe Freunde!

Im Kind in der Krippe haben die Weisen aus dem Morgenland den Herrn gefunden. Der Stern von Betlehem führe auch euch zu Christus, dem Erlöser aller Menschen und Völker. Bringt Ihm eure Gaben und euch selbst dar! Er wird euch mit seiner Gnade reich beschenken.

ANGELUS ZUM HOCHFEST DER ERSCHEINUNG DES HERRN
6. Januar 2007

Liebe Brüder und Schwestern!

Am heutigen Hochfest der »Epiphanie« feiern wir die Erscheinung des Herrn vor den Sterndeutern, ein Ereignis, das der Evangelist Matthäus stark hervorhebt (vgl. Mt 2,1–12). In seinem Evangelium erzählt er, dass einige »Sterndeuter« – wahrscheinlich Religionsoberhäupter aus Persien – von einem »Stern« geführt nach Jerusalem gelangten. Sie interpretierten dieses leuchtende Himmelsphänomen als Zeichen der Geburt eines neuen Königs der Juden. In der Stadt wusste niemand davon, im Gegenteil: Der regierende König Herodes war von der Nachricht stark beunruhigt und erdachte den tragischen Plan zum »Kindermord von Betlehem«, um den soeben geborenen Rivalen zu beseitigen. Die Sterndeuter hingegen verließen sich auf die Heiligen Schriften, insbesondere auf die Weissagung Michas, wonach der Messias in Betlehem geboren würde, der Stadt Davids, etwa zehn Kilometer südlich von Jerusalem gelegen (vgl. Mi 5,1). Sie brachen in diese Richtung auf, sahen erneut den Stern und folgten ihm voll Freude, bis er über einer Hütte stehen blieb. Sie traten ein und fanden das Kind mit Maria; sie warfen sich vor ihm nieder und schenkten ihm Gold, Weihrauch und Myrrhe als Huldigung an seine Königswürde.

Warum ist dieses Ereignis so wichtig? Weil sich damit das Festhalten der heidnischen Völker am Glauben an Christus zu verwirklichen begann, entsprechend der Verheißung Gottes an Abraham, von der das Buch Genesis berichtet: »Durch dich sollen alle Geschlechter der Erde Segen erlangen« (Gen 12,3). Wenn also Maria, Josef und die Hirten von Betlehem das Volk Israel darstellen, das den Herrn aufgenommen hat, dann sind die Sterndeuter die Ersten der Heidenvölker: Auch sie sind aufgerufen, Teil der Kirche, des neuen Gottesvolkes, zu sein, das nicht mehr auf ethnischer, sprachlicher oder kultureller Einheitlichkeit gründet, sondern nur auf dem gemeinsamen Glauben an Christus, den Sohn Gottes. Die Epiphanie Christi ist daher gleichzeitig Epiphanie der Kirche, das heißt ein Offenbarwerden ihrer Berufung und universalen Sendung. In diesem Zusammenhang freue ich mich, meinen herzlichen Gruß an unsere geliebten Brüder und Schwestern der Orientalischen Kirchen zu richten, die, dem Julianischen Kalender folgend, morgen das Weihnachtsfest feiern werden. Mit großer Zuneigung wünsche ich ihnen reichen Frieden und üppiges christliches Gedeihen.

Außerdem erinnere ich gerne daran, dass anlässlich des Festes der Erscheinung des Herrn auch der Welttag der Kindermission begangen wird. Es ist das Fest der christlichen Kinder, die das Geschenk des Glaubens freudig leben und dafür beten, dass das Licht Christi zu allen Kindern der Welt gelangt. Ich danke den Kindern des in 110 Ländern vertretenen Kindermissionswerks, denn sie sind wertvolle Mitarbeiter des Evangeliums und Apostel der christlichen Solidarität gegenüber den Ärmsten. Ich ermutige die Erzieher, den missionarischen Geist in den Kindern heranzubilden, damit aus ihrer Mitte leidenschaftliche Missionare, Zeugen der Zärtlichkeit Gottes und Verkünder seiner Liebe, hervorgehen. Nun wenden wir uns an die Jungfrau Maria, Stern der Evangelisierung: Durch ihre Fürsprache mögen die Christen aller Erdteile als Kinder des Lichts leben und die Menschen zu Christus, dem wahren Licht der Welt, führen.

Gott offenbart den Weisen aus dem Osten seinen Sohn im Kind in der Krippe. Suchende Menschen finden den Weg zum neugeborenen Retter der Welt. Alle Völker der Erde sind zum Heil gerufen, das Jesus Christus gebracht hat. Wir wollen mithelfen, dass die Botschaft des Heils zu den Menschen gelangt und dass sie Jesus Christus, den wahren Erlöser, im Glauben erkennen. Ich wünsche euch allen einen frohen und gesegneten Festtag.

PREDIGT BEI DER EUCHARISTIEFEIER AM FEST DER ERSCHEINUNG DES HERRN
6. Januar 2007

Liebe Brüder und Schwestern!

Mit Freude feiern wir das Hochfest der Epiphanie, der »Erscheinung« Christi vor den Völkern, vertreten von den Sterndeutern, geheimnisvollen Gestalten, die aus dem Osten gekommen waren. Wir feiern Christus, Ziel der Pilgerschaft der Völker auf der Suche nach dem Heil. In der ersten Lesung haben wir den Propheten gehört, der, von Gott inspiriert, Jerusalem als einen Leuchtturm schaut, der inmitten der Finsternis und Dunkelheit der Erde allen Völkern den Weg weist. Die Herrlichkeit des Herrn geht leuchtend auf über der Heiligen Stadt und zieht vor allem deren deportierte und zerstreute Söhne und Töchter an, zugleich aber auch die Heidenvölker, die von überall her nach Zion als ihre gemeinsame Heimstatt kommen und sie durch ihre Gaben bereichern (vgl. Jes 60,1–6). In der zweiten Lesung wurde uns wieder vorgestellt, was der Apostel Paulus an die Epheser schrieb, dass nämlich durch die liebevolle Initiative Gottes das Zusammengehen von Juden und Heiden in der einen Kirche Christi »das Geheimnis«

war, das in der Fülle der Zeit offenbar geworden ist, die »Gnade«, zu deren Diener Gott ihn gemacht hatte (vgl. Eph 3,2–3a.5–6). In Kürze werden wir in der Präfation singen: »Heute enthüllst du das Geheimnis unseres Heiles, heute offenbarst du das Licht der Völker, deinen Sohn Jesus Christus.«
Zwanzig Jahrhunderte sind vergangen, seitdem dieses Geheimnis offenbart wurde und in Christus Wirklichkeit geworden ist, doch seine Vollendung hat es noch nicht erlangt. Mein geliebter Vorgänger Johannes Paul II. schrieb in der Einleitung seiner Enzyklika über die Mission der Kirche: »Ein Blick auf die Menschheit insgesamt am Ende des zweiten Jahrtausends zeigt uns, dass diese Sendung noch in den Anfängen steckt« (Redemptoris missio, 1). Da erheben sich spontan einige Fragen: Inwiefern ist Christus heute noch »lumen gentium«, Licht der Völker? Wie weit ist – wenn man das so sagen kann – diese universale Wanderschaft der Völker zu ihm hin gelangt? Befindet sie sich in einer Fortschritts- oder Rückschrittsphase? Und weiter: Wer sind heutzutage die Sterndeuter? Wie können wir beim Gedanken an unsere heutige Welt diese geheimnisvollen Gestalten aus dem Evangelium deuten? Um auf diese Fragen zu antworten, möchte ich auf das zurückkommen, was die Väter des Zweiten Vatikanischen Konzils dazu gesagt haben. Und gern füge ich hinzu, dass der Diener Gottes Paul VI. gleich nach dem Konzil, also

vor vierzig Jahren, genau am 26. März 1967, seine Enzyklika Populorum progressio der Entwicklung der Völker gewidmet hat.
Das ganze Zweite Vatikanische Konzil war tatsächlich von dem Bestreben motiviert, der zeitgenössischen Menschheit Christus als Licht der Welt zu verkünden. In der Herzmitte der Kirche, angefangen von der Spitze ihrer Hierarchie, erhob sich der vom Heiligen Geist geweckte dringliche Wunsch nach einer »neuen Epiphanie Christi vor der Welt«, einer Welt, die die moderne Zeit zutiefst verändert hatte und die zum ersten Mal in der Geschichte vor der Herausforderung einer globalen Zivilisation stand, in der nicht mehr Europa und auch nicht jene Regionen, die wir den Westen und Norden der Welt nennen, im Mittelpunkt stehen konnten. Es erhob sich die Forderung, eine neue politische und wirtschaftliche, aber zugleich und vor allem geistige und kulturelle Weltordnung, das heißt einen erneuerten Humanismus, auszuarbeiten. Mit wachsender Offensichtlichkeit setzte sich diese Feststellung durch. Eine neue wirtschaftliche und politische Weltordnung funktioniert nicht, wenn es keine geistliche Erneuerung gibt, wenn wir uns nicht wieder Gott nähern und Gott mitten unter uns finden können. Bereits vor dem Zweiten Vatikanischen Konzil hatte das erleuchtete Gewissen christlicher Denker diese epochale Herausforderung erahnt und sich mit ihr auseinandergesetzt.

Am Beginn des dritten Jahrtausends befinden wir uns nun mitten in dieser Phase der Menschheitsgeschichte, die unter dem Wort »Globalisierung« inzwischen zum Thema geworden ist. Auf der anderen Seite bemerken wir heute, wie leicht man die Ziele dieser Herausforderung aus dem Blick verlieren kann, gerade weil man in sie miteinbezogen ist: Eine Gefahr, die enorm verstärkt wird durch die gewaltige Ausbreitung der Massenmedien: Während diese auf der einen Seite die Informationen unendlich vermehren, scheinen sie andererseits unsere Fähigkeit zu einer kritischen Synthese zu schwächen. Das heutige Hochfest kann uns diese Perspektive bieten, ausgehend von der Erscheinung eines Gottes, der sich in der Geschichte als Licht der Welt offenbart hat, um die Menschheit zu führen und schließlich in das verheißene Land zu geleiten, wo Freiheit, Gerechtigkeit und Friede herrschen. Und wir sehen immer mehr, dass wir allein die Gerechtigkeit und den Frieden nicht fördern können, wenn sich uns nicht das Licht eines Gottes offenbart, der uns sein Antlitz zeigt, der uns in der Krippe von Betlehem erscheint, der uns auf dem Kreuz erscheint.

Wer sind also die »Sterndeuter« von heute und wie weit sind sie auf ihrer und wir auf unserer »Reise« gelangt? Liebe Brüder und Schwestern, kehren wir zu jenem besonderen Gnadenmoment des Abschlusses des Zweiten Vatikanischen Konzils am

8. Dezember 1965 zurück, als die Konzilsväter einige »Botschaften« an die ganze Menschheit richteten. Die erste Botschaft war »An die Regierenden« gerichtet, die zweite »An die Intellektuellen und Wissenschaftler«. Das sind zwei Personengruppen, die wir irgendwie in den Gestalten der Sterndeuter im Evangelium symbolisiert sehen können. Zu ihnen möchte ich noch eine dritte Gruppe hinzufügen, an die das Konzil zwar keine Botschaft gerichtet hat, die es aber in der Konzilserklärung *Nostra aetate* sehr wohl im Blick hatte. Ich beziehe mich auf die geistlichen Führer der großen nichtchristlichen Religionen. Im Abstand von zweitausend Jahren können wir also in den Gestalten der Sterndeuter gleichsam eine Vorwegnahme dieser drei grundlegenden Dimensionen des modernen Humanismus erkennen: die politische, die wissenschaftliche und die religiöse Dimension. Die Epiphanie zeigt es uns auf dem »Pilgerweg«, das heißt auf einem Weg der Suche, die oft verwirrt ist, ein Weg, der schließlich seinen Zielpunkt in Christus hat, auch wenn der Stern manchmal verborgen ist. Gleichzeitig macht uns Gott deutlich, dass er seinerseits zum Menschen hinpilgert. Da ist nicht nur die Pilgerreise des Menschen hin zu Gott. Gott selbst hat sich auf den Weg hin zu uns gemacht: Denn wer ist Christus, wenn nicht Gott, der sozusagen aus sich herausgegangen ist, um der Menschheit entgegenzukom-

men? Aus Liebe ist er zur Geschichte in unserer Geschichte geworden; aus Liebe ist er gekommen, um uns den Keim des neuen Lebens zu bringen (vgl. Joh 3,3–6) und dieses neue Leben in die Ackerfurchen unserer Erde zu säen, damit es keime, blühe und Frucht bringe.

Ich möchte mir heute jene Konzilsbotschaften zu eigen machen, die nichts von ihrer Aktualität verloren haben. Wie zum Beispiel dort, wo man in der Botschaft an die Regierenden liest: »Euch obliegt es, auf Erden die Förderer der Ordnung und des Friedens unter den Menschen zu sein. Aber vergesst nicht: Gott, der lebendige und wahre Gott, ist der Vater der Menschen. Und Christus, sein ewiger Sohn, ist gekommen, um uns zu sagen und uns begreiflich zu machen, dass wir alle Brüder sind. Er ist der große Baumeister der Ordnung und des Friedens auf Erden, weil er es ist, der die menschliche Geschichte leitet und der allein die Herzen zum Verzicht auf die abartigen Leidenschaften, die Krieg und Schmerz erzeugen, zu veranlassen vermag.« Muss man in diesen Worten der Konzilsväter nicht die Leuchtspur eines Weges erkennen, der allein die Geschichte der Nationen und der Welt umzuwandeln vermag? Und in der »Botschaft an die Intellektuellen und Wissenschaftler« lesen wir: »Sucht weiter, ohne je auf die Wahrheit zu verzichten, ohne je an der Wahrheit zu verzweifeln! Denkt an die Worte eines eurer großen Freunde,

des hl. Augustinus: ›Wir suchen mit dem Wunsch, zu finden, und wir finden mit dem Wunsch, weiter zu suchen.‹ Glücklich sind diejenigen, die, wenn sie die Wahrheit besitzen, weiter nach ihr suchen, um sie zu erneuern, sie zu vertiefen, sie den anderen zu schenken. Glücklich sind diejenigen, die, wenn sie die Wahrheit nicht gefunden haben, mit aufrichtigem Herzen in ihre Richtung weitergehen: Mögen sie das künftige Licht mit den Lichtern von heute suchen bis zur Fülle des Lichts!«
Das wurde in den beiden Konzilsbotschaften gesagt. Den Führern der Völker, den Forschern und Wissenschaftlern müssen wir heute mehr denn je die Repräsentanten der großen nichtchristlichen Religionen an die Seite stellen und sie einladen, sich mit dem Licht Christi auseinanderzusetzen, der nicht gekommen ist, um aufzuheben, sondern zu vollenden, was die Hand Gottes in die religiöse Geschichte der Zivilisationen, besonders in die »großen Seelen« eingeschrieben hat, die durch ihre Weisheit und ihr Vorbild an Tugend zum Aufbau der Menschheit beigetragen haben. Christus ist Licht, und das Licht kann nicht verdunkeln, sondern nur erleuchten, aufhellen, enthüllen. Keiner soll daher vor Christus und seiner Botschaft Angst haben! Und auch wenn im Laufe der Geschichte die Christen, die ja begrenzte und sündige Menschen sind, manchmal durch ihr Verhalten ihn verraten haben mögen, unterstreicht das

noch mehr, dass das Licht Christus ist und dass die Kirche es nur dann widerspiegelt, wenn sie mit ihm vereint bleibt.

»Wir haben seinen Stern gesehen und sind gekommen, dem Herrn zu huldigen« (Akklamation vor dem Evangelium, vgl. Mt 2,2). Was uns immer wieder erstaunt, wenn wir diese Worte der Sterndeuter hören, ist die Tatsache, dass sie vor einem einfachen Kind im Arm seiner Mutter in Anbetung auf die Knie fallen, nicht in einem Königspalast, sondern in der Armseligkeit einer Hütte in Betlehem (vgl. Mt 2,11). Wie war das möglich? Was hat die Sterndeuter überzeugt, dass jenes Kind »der König der Juden« und der König der Völker war? Sicher hat sie das Zeichen des Sterns überzeugt, den sie »hatten aufgehen sehen« und der genau über dem Ort stehen blieb, wo sich das Kind befand (vgl. Mt 2,9). Aber auch der Stern hätte nicht genügt, wenn die Sterndeuter nicht Personen gewesen wären, die innerlich offen für die Wahrheit waren. Im Unterschied zu König Herodes, der ganz von seinen Interessen an Macht und Reichtum beherrscht war, waren die Sterndeuter dem Ziel ihrer Suche zugewandt, und als sie es fanden, benahmen sie sich, obwohl gebildete Männer, wie die Hirten von Betlehem: Sie erkannten das Zeichen und huldigten dem Kind und brachten ihm die kostbaren symbolischen Gaben dar, die sie mitgebracht hatten.

Liebe Brüder und Schwestern, verweilen auch wir in Gedanken vor dem Bild der Anbetung der Sterndeuter. Es enthält eine anspruchsvolle und stets aktuelle Botschaft. Anspruchsvoll und stets aktuell vor allem für die Kirche, die, da sie sich in Maria widerspiegelt, aufgerufen ist, den Menschen Jesus, nichts anderes als Jesus, zu zeigen. Denn er ist alles, und die Kirche besteht nur dazu, um mit ihm vereint zu bleiben und ihn der Welt bekannt zu machen. Die Mutter des fleischgewordenen Wortes helfe uns, gehorsame Jünger ihres Sohnes, des Lichtes der Völker, zu sein. Das Beispiel der Sterndeuter von damals ist auch für die heutigen Sterndeuter eine Einladung, Geist und Herz Christus zu öffnen und ihm die Gaben ihrer Forschung darzubringen. An sie, an alle Menschen unserer Zeit möchte ich heute wiederholen: Habt keine Angst vor dem Licht Christi! Sein Licht ist der Glanz der Wahrheit. Lasst euch, alle Völker der Erde, von ihm erleuchten; lasst euch von seiner Liebe umfangen, und ihr werdet den Weg des Friedens finden. Amen!

PREDIGT BEI DER TAUFFEIER AM FEST DER TAUFE DES HERRN 7. Januar 2007

Gott hat Jesus gesalbt mit dem Heiligen Geist
Da begann Petrus zu reden und sagte: Wahrhaftig, jetzt begreife ich, dass Gott nicht auf die Person sieht, sondern dass ihm in jedem Volk willkommen ist, wer ihn fürchtet und tut, was recht ist.
Er hat das Wort den Israeliten gesandt, indem er den Frieden verkündete durch Jesus Christus; dieser ist der Herr aller.
Ihr wisst, was im ganzen Land der Juden geschehen ist, angefangen in Galiläa, nach der Taufe, die Johannes verkündet hat:
wie Gott Jesus von Nazaret gesalbt hat mit dem Heiligen Geist und mit Kraft, wie dieser umherzog, Gutes tat und alle heilte, die in der Gewalt des Teufels waren; denn Gott war mit ihm.

Apg 10,34-38

Jesus ließ sich taufen; und während er betete, öffnete sich der Himmel
Das Volk war voll Erwartung, und alle überlegten im Stillen, ob Johannes nicht vielleicht selbst der Messias sei.

Doch Johannes gab ihnen allen zur Antwort: Ich taufe euch nur mit Wasser. Es kommt aber einer, der stärker ist als ich, und ich bin es nicht wert, ihm die Schuhe aufzuschnüren. Er wird euch mit dem Heiligen Geist und mit Feuer taufen.
Zusammen mit dem ganzen Volk ließ auch Jesus sich taufen. Und während er betete, öffnete sich der Himmel,
und der Heilige Geist kam sichtbar in Gestalt einer Taube auf ihn herab, und eine Stimme aus dem Himmel sprach: Du bist mein geliebter Sohn, an dir habe ich Gefallen gefunden.

Lk 3,15-16.21-22

Liebe Brüder und Schwestern!

Auch dieses Jahr finden wir uns wieder zu einer sehr familiären Feier, der Taufe von dreizehn Kindern, in dieser wunderbaren Sixtinischen Kapelle ein, wo die Kreativität Michelangelos und anderer berühmter Künstler Meisterwerke hervorgebracht hat, die die Wunder der Heilsgeschichte darstellen. Ich möchte gleich euch alle, die ihr hier anwesend seid, begrüßen: die Eltern, die Paten, die Verwandten und Freunde, die diese neugeborenen Kinder in einem für ihr Leben und für die Kirche so bedeutsamen Augenblick begleiten. Jedes Kind, das

geboren wird, schenkt uns das Lächeln Gottes und lädt uns ein zu erkennen, dass das Leben sein Geschenk ist, ein Geschenk, das immer und in jedem Augenblick mit Liebe angenommen und fürsorglich gehütet werden muss.
Die Weihnachtszeit, die heute zu Ende geht, hat uns das Jesuskind in der armseligen Grotte von Betlehem, liebevoll behütet von Maria und Josef, betrachten lassen. Jedes Kind, das geboren wird, vertraut Gott seinen Eltern an: Wie wichtig ist da die auf der Ehe, Wiege des Lebens und der Liebe, gegründete Familie! Das Haus von Nazaret, wo die Heilige Familie lebt, ist Vorbild und Schule der Einfachheit, Geduld und Harmonie für alle christlichen Familien. Ich bitte den Herrn, dass auch eure Familien einladende Orte sein mögen, wo diese Kleinen nicht nur in guter Gesundheit heranwachsen können, sondern auch im Glauben und in der Liebe zu Gott, der sie heute durch die Taufe zu seinen Kindern macht.
Der Taufritus für diese Kinder erfolgt an dem Tag, an dem wir das Fest der Taufe des Herrn feiern, das, wie ich sagte, die Weihnachtszeit abschließt. Wir haben soeben den Bericht des Evangelisten Lukas gehört, der uns Jesus mitten unter dem Volk zeigt, während er sich zu Johannes dem Täufer begibt, um sich taufen zu lassen. Als auch er die Taufe empfangen hatte, »betete er«, sagt uns der hl. Lukas (3,21). Jesus spricht mit seinem Vater.

Und wir sind sicher, daß er nicht allein für sich gesprochen hat, sondern auch von uns und für uns; er hat auch von mir, von jedem und für jeden von uns gesprochen. Und dann, so sagt uns der Evangelist, öffnete sich über dem betenden Herrn der Himmel. Jesus tritt in direkten Kontakt mit dem Vater, der Himmel über ihm ist offen. Wir dürfen in dieser Stunde annehmen, dass auch hier, über diesen unseren Kindern, die durch das Sakrament der Taufe mit Jesus in Kontakt treten, der Himmel offen ist. Im Sakrament öffnet sich der Himmel über uns. Je mehr wir im Kontakt mit Jesus in der Realität unserer Taufe leben, umso mehr öffnet sich der Himmel über uns. Und aus dem Himmel kam an jenem Tag – und damit kehren wir zum Evangelium zurück – eine Stimme, die zu Jesus sagte: »Du bist mein geliebter Sohn, an dir habe ich Gefallen gefunden« (Lk 3,22). Bei der Taufe wiederholt der himmlische Vater diese Worte auch für jedes dieser Kinder. Er sagt: »Du bist mein Sohn.« Die Taufe ist Adoption und Aufnahme in die Familie Gottes, in die Gemeinschaft mit der Allerheiligsten Dreifaltigkeit, in die Gemeinschaft mit dem Vater, dem Sohn und dem Heiligen Geist. Deshalb muss die Taufe im Namen der Allerheiligsten Dreifaltigkeit gespendet werden. Diese Worte sind nicht nur eine Formel; sie sind Realität. Sie zeigen den Augenblick an, in dem eure Kinder als Kinder Gottes wiedergeboren werden. Von Kindern menschlicher Eltern werden sie im Sohn des lebendigen Gottes auch zu Kindern Gottes.

Wir müssen jetzt aber über ein Wort aus der zweiten Lesung dieser Liturgie nachdenken, wo uns der hl. Paulus sagt: Wir sind gerettet »aufgrund seines Erbarmens durch das Bad der Wiedergeburt und der Erneuerung im Heiligen Geist« (Tit 3,5). Ein Bad der Wiedergeburt. Die Taufe ist nicht nur ein Wort; sie ist nicht nur eine spirituelle Angelegenheit, sondern sie schließt auch die Materie ein. Die ganze Wirklichkeit der Erde wird miteinbezogen. Die Taufe betrifft nicht nur die Seele. Die Spiritualität des Menschen betrifft den Menschen in seiner Ganzheit, Leib und Seele. Die Handlung Gottes in Jesus Christus ist eine Handlung von universaler Wirksamkeit. Christus nimmt das Fleisch an, und das dauert fort in den Sakramenten, in denen die Materie angenommen wird und in die göttliche Handlung eintritt.

Wir können nun fragen, warum gerade das Wasser das Zeichen dieser Ganzheit ist. Das Wasser ist das Element der Fruchtbarkeit. Ohne Wasser gibt es kein Leben. In allen großen Religionen gilt deshalb das Wasser als Symbol der Mutterschaft, der Fruchtbarkeit. Für die Kirchenväter wird das Wasser zum Symbol des Mutterschoßes der Kirche. Bei einem Kirchenschriftsteller des 2./3. Jahrhunderts, Tertullian, findet sich ein erstaunliches

Wort. Er sagt: »Christus ist nie ohne Wasser.« Tertullian wollte mit diesen Worten sagen, dass Christus niemals ohne die Kirche ist. In der Taufe werden wir vom himmlischen Vater adoptiert, aber in dieser Familie, die er sich bildet, gibt es auch eine Mutter, die Mutter Kirche. Der Mensch kann nicht Gott als Vater haben – sagten schon die antiken christlichen Schriftsteller –, wenn er nicht auch die Kirche als Mutter hat. Wir sehen also wiederum: das Christentum ist keine rein spirituelle, individuelle Wirklichkeit, keine bloß subjektive Entscheidung, die ich treffe, sondern etwas Reales, Konkretes, wir könnten sagen: auch etwas Materielles. Die Familie Gottes nimmt Gestalt an in der konkreten Wirklichkeit der Kirche. Die Adoption zu Kindern Gottes, des dreieinigen Gottes, ist gleichzeitig Aufnahme in die Familie der Kirche, Eingliederung als Brüder und Schwestern in die große Familie der Christen. Und nur dann, wenn wir als Kinder Gottes uns als Brüder und Schwestern in die Wirklichkeit der Kirche einfügen, können wir »Vater unser« zu unserem himmlischen Vater sagen. Dieses Gebet setzt immer das »Wir« der Familie Gottes voraus.

Aber nun müssen wir zum Evangelium zurückkehren, wo Johannes der Täufer sagt: »Ich taufe euch nur mit Wasser. Es kommt aber einer, der stärker ist als ich ... Er wird euch mit dem Heiligen Geist und mit Feuer taufen« (Lk 3,16). Wir haben das

Wasser gesehen; jetzt drängt sich jedoch die Frage auf: Worin besteht das Feuer, auf das der hl. Johannes der Täufer anspielt? Um diese Wirklichkeit des bei der Wassertaufe vorhandenen Feuers zu erkennen, müssen wir feststellen, dass die Taufe durch Johannes eine menschliche Geste war, ein Bußakt, ein Sich-Ausstrecken des Menschen nach Gott hin, um zu bitten um Vergebung für die Sünden und um die Möglichkeit, ein neues Leben zu beginnen. Sie war nur ein menschlicher Wunsch, ein Zugehen auf Gott mit eigenen Kräften. Das genügt aber nicht. Der Abstand wäre zu groß. In Jesus Christus sehen wir, dass Gott uns entgegenkommt. In der von Christus eingesetzten christlichen Taufe handeln nicht allein wir durch den Wunsch, reingewaschen zu werden, durch die Bitte, Vergebung zu erlangen. In der Taufe handelt Gott selbst, handelt Jesus durch den Heiligen Geist. In der christlichen Taufe ist das Feuer des Heiligen Geistes gegenwärtig. Gott handelt, nicht wir allein handeln. Gott ist heute hier gegenwärtig. Er nimmt eure Kinder an und macht sie zu seinen Söhnen und Töchtern.

Aber Gott handelt natürlich nicht auf magische Weise. Er handelt nur zusammen mit unserer Freiheit. Wir können nicht auf unsere Freiheit verzichten. Gott ruft unsere Freiheit auf den Plan, er lädt uns zur Mitwirkung mit dem Feuer des Heiligen Geistes ein. Diese beiden Dinge müssen zusammengehen. Die Taufe wird für das ganze Leben

Geschenk Gottes bleiben, der unseren Seelen sein Siegel aufgedrückt hat. Aber dann wird es auf unsere Mitwirkung, auf die Bereitschaft unserer Freiheit ankommen, jenes »Ja« zu sprechen, das das göttliche Handeln wirksam werden lässt.

Diese eure Kinder, die wir jetzt taufen werden, sind noch unfähig, mitzuwirken, ihren Glauben zu bezeugen. Darum erhält eure Anwesenheit, liebe Väter und Mütter, liebe Paten, in besondere Weise Wert und Bedeutung. Wacht stets über diese eure Kleinen, auf dass sie beim Heranwachsen Gott kennen lernen, ihn mit allen Kräften zu lieben und ihm treu zu dienen lernen. Seid für sie die ersten Erzieher im Glauben, indem ihr ihnen zusammen mit den Glaubenslehren auch Beispiele eines kohärenten christlichen Lebens bietet. Lehrt sie beten und sich als aktive Glieder der konkreten Familie Gottes, der kirchlichen Gemeinschaft, zu fühlen.

Eine wichtige Hilfe wird euch dabei das aufmerksame Studium des Katechismus der Katholischen Kirche oder des Kompendiums dieses Katechismus bieten. Er enthält die wesentlichen Elemente unseres Glaubens und wird ein äußerst nützliches und unmittelbares Hilfsmittel für euch selber sein können, um in der Kenntnis des katholischen Glaubens zu wachsen und ihn vollständig und getreu an eure Kinder weitergeben zu können. Vergesst vor allem nicht, dass es euer Zeugnis und euer Beispiel sind, die am meisten das menschliche und geistig-geistliche Reifen der Freiheit eurer Kinder beeinflussen werden. Unterlasst es trotz der oft mühsamen täglichen Aktivitäten nicht, persönlich und in der Familie das Gebet zu pflegen: es stellt das Geheimnis der christlichen Beständigkeit dar.

Der jungfräulichen Mutter Jesu, unseres Heilands, der in der heutigen Liturgie als der geliebte Sohn Gottes vorgestellt wird, vertrauen wir diese Kinder und ihre Familien an: Wache, Maria, über sie und begleite sie immer, damit sie den Heilsplan, den Gott für jeden hat, bis zum Letzten verwirklichen können. Amen.